# Kurioses aus der Denkmallandschaft

## Von Flügelwesen und Theaterdonner

## Band 2

Friedrich Ludwig Müller (Hrsg.)

# Kurioses aus der Denkmallandschaft

## Von Flügelwesen und Theaterdonner

Band 2

MONUMENTE Publikationen
der Deutschen Stiftung Denkmalschutz

Von den in diesem Buch erwähnten Denkmalen wurden auch von der Deutschen Stiftung Denkmalschutz gefördert:

Anatomisches Theater, Berlin
Belvedere „Schöne Höhe“, Dürrröhrsdorf-Dittersbach
Flügelaltar in St. Petri, Dortmund
Franckesche Stiftungen, Halle
Gut Ludwigsburg, Waabs
Haus Wahnfried / Bühnenbildmodellsammlung, Bayreuth
Kunststätte Bossard, bei Jesteburg
Schloß, Sondershausen
St. Johannis, Scheibenberg
St. Marien, Pirna
St. Marien, Rostock
St. Marien, Torgau
Zisterzienserkloster, Neuzelle

# Grußwort

„Entdecken“ bedeutet „Auffinden von Unbekanntem“. Das klingt einfach, wenn man es als Definition niederschreibt, schwierig wird es als Arbeitsanweisung: Entdecken Sie! Suchen und finden Sie etwas Unbekanntes! Ja was denn? Sind uns die Dinge, von denen dieses Buch erzählt, unbekannt? Die meisten Orte vielleicht. Fast alle liegen abseits des großen Medieninteresses, wie auch die Details der Geschichten von dem Theater, das ein Anatomiesaal ist oder von der Lücke im Reigen der Heiligenfiguren auf dem Altar, die Geschichten von den Kelchkindern oder dem Hausschnitzer. Die MONUMENTE-Redakteurinnen haben diese Orte und Details „Für Sie entdeckt“ – mit viel Freude und dem Blick für das Bemerkenswerte, Kuriose, Einzigartige, das in jeder dieser Geschichten steckt.

Erlaubt man sich nämlich, den Begriff ganz wörtlich zu nehmen als Ent-Decken, dann spielt man mit einer anderen Bedeutungsebene: „das Verhüllende wegnehmen“, hinter die Oberfläche sehen. Dann spürt man die lebenslange Kraft, die der Hausschnitzer in Lemgo aufgebracht hat, man ahnt die Verehrung für die Pastorin, deren Abbild heute als Heiligenfigur den mittelalterlichen Altar ergänzt oder sieht den Schöpfer der Taufe in Pirna seine Kinder skizzieren, immer und immer wieder, auf unzähligen Blättern.

„Die Entdeckung des Wunderbaren im Alltäglichen bedarf der Fähigkeit, mit den Augen des Herzens sehen zu können.“ sagt Ernst Ferstl. Dieses Wunderbare in den für Sie ausgewählten Geschichten möge Ihnen ein ebenso unterhaltsames wie wissensreiches Lesevergnügen bieten und dabei die Freude weitergeben, unsere Denkmallandschaft zu entdecken. Denn nur wer weiß, was zu verlieren ist, wer die unglaubliche Mannigfaltigkeit unserer Kulturlandschaft kennt, wird sich für ihren Erhalt einsetzen.

Bonn, im Mai 2006

Dr. Robert Knüppel
Generalsekretär der
Deutschen Stiftung Denkmalschutz

Inhalt



## Von Schaulust und der Lust am Schauspiel

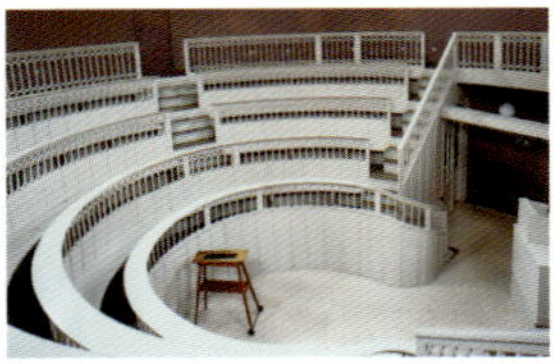



## Von schönen Räumen und wohnlichen Träumen

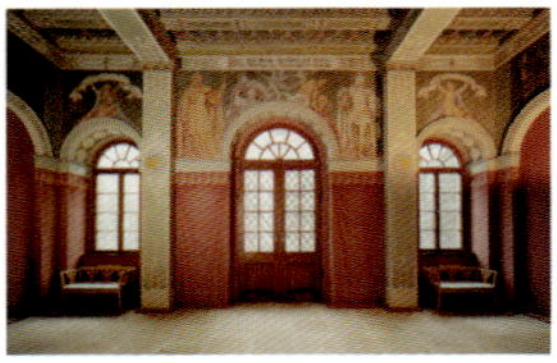



## Von kleinen Geschöpfen und großen Instrumenten

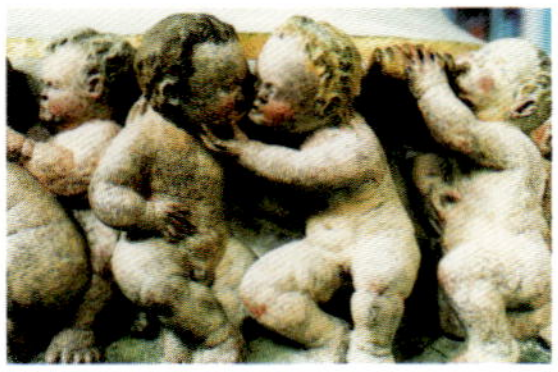

## Von goldenen Wundern und Wandlungen

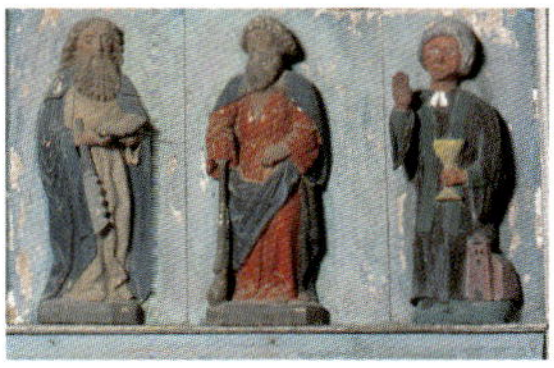



## Von Schatzkisten und blütenreicher Phantasie

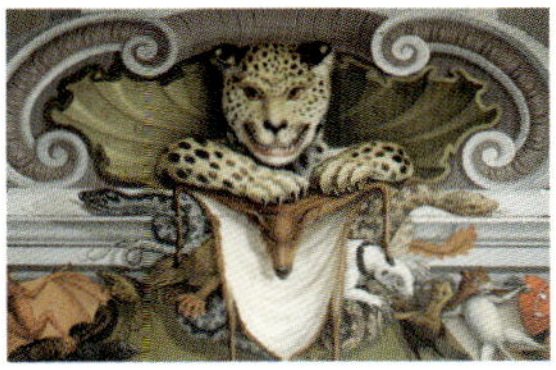

## Autorinnen:

Beatrice Härig:
Bilder vom „Grünen Hügel"; Feiern in der Ziehharmonika; Die begnadeten Schnitzer vom Erzgebirge; Schönheit von innen

Dr. Dorothee Reimann:
Die Engel hätten musizieren können; Achtung! Die Uhr rieselt!

Christiane Rossner:
Der Landshuter Treppenwitz; Elsa, die Standhafte aus Papier; Mit dem Meißel geschrieben; Die ganze Welt in Kunst gewandelt; Welch glanzvolle Verehrung; Der liebe Gott und die Spiegelschrift; Bienen im Bauch; Jedes Blümchen ein Juwel

Dr. Christiane Schillig:
Sezieren als Schauspiel; Der Zweifel, die Weisheit und feines Porzellan; Gründlers Kuriositätenschau

Dr. Bettina Vaupel:
Das Neuzeller Passionstheater; Gar treu bis an das Grab; Adelsspäße aus dem 17. Jahrhundert; Die Holzorgie von Lemgo; Andacht vor dem Fatschenkindl; Wie sich die Stunde drehen lernte; Die lustigen Kinder von Pirna; Ein Schweinskopf für Weihnachten; Das „Goldene Wunder"; Vor Feiertagen quietscht es; Ein Wüterich im Schloß

# Vorwort

Es verbietet sich, als Herausgeber eines Buches dem Leser ein einzelnes Kapitel zu empfehlen.

Wenn ich dennoch die Aufmerksamkeit „zum Vorkosten" auf das Kapitel „Der Landshuter Treppenwitz" lenke, dann deshalb, weil hier viel von der über die Alpen zu uns gewanderten Commedia dell'arte erzählt wird, von der Lust am Stegreif-Spiel zwischen immer den gleichen Personen. Da wird Pantalone, der ergraute, geldgierige Kaufmann und unverbesserliche Schürzenjäger, wieder lebendig. Dazu sein Diener Zanni, schlau und brutal. Mit ihm der zweite Diener Arlecchino, einfältig und faul, wohl deshalb beim Zuschauer besonders beliebt. Da läßt uns der Capitano in sein Leben voll Eifersucht, Lügen und Feigheit blicken. Dazwischen zwei Liebende. Rundherum vom Strom des Lebens mitgerissen, wird betrogen, geprügelt, geliebt. Immer „getrieben von kleinlichsten und großmütigsten Gefühlen".

Dieses Kapitel vermag der Schlüssel zu dem ganzen Bändchen zu sein, wiewohl ich den Akzent gern umdrehen möchte: Immer getrieben von den großmütigsten und – manchmal gewiß auch allzu menschlich-kleinlichen Gefühlen spiegelt die Baukunst und ihre Ausschmückung all das, was das menschliche Leben bunt, heiter und liebenswürdig, aber genauso oft verworren, schmerzlich oder gar tragisch macht. Und nicht immer ist das eine vom anderen zu trennen.

So bin ich voller Zuversicht, daß auch dieser zweite Band, der Beiträge der Serie „Für Sie entdeckt" aus der Zeitschrift Monumente, dem Magazin für Denkmalkultur in Deutschland, zusammenstellt, seine Leser finden wird. Weil dieses Buch Kulturgeschichte einmal ganz anders erzählt.

Bonn, im Mai 2006

Friedrich Ludwig Müller
Chefredakteur
der Zeitschrift Monumente

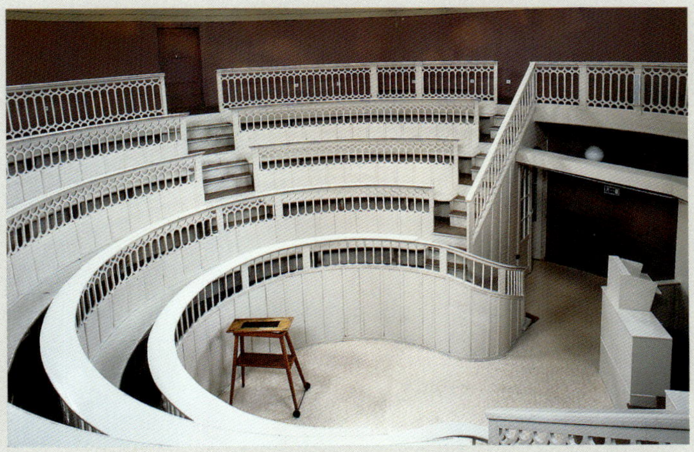

# Von Schaulust und der Lust am Schauspiel

Großes Theater bedarf nicht immer einer großen Bühne. So begnügt man sich bisweilen mit der Illusion eines lebendigen Schauspiels: Als Erinnerung und Ersatz in Form von Malerei oder berühmten Theaterbühnen en miniature, die man sich in die Wohnstube holte. Dazu gehören auch die kleinen Papiertheaterbühnen, auf denen mit filigranen Figürchen ganze Opern nachgespielt wurden und die alles andere als Kinderspielzeug waren. Im kirchlichen Rahmen entstanden Kulissenbühnen, auf denen nicht Menschen agierten, sondern Figurentafeln geschoben wurden und die wegen ihres Wortreichtums als theatrale Bilderpredigt verstanden werden können. Für eine Schau ganz anderer Art gab es Anatomische Theater. Hier erinnert nur die Architektur an das Spiel mit der Phantasie.

# Der Landshuter Treppenwitz

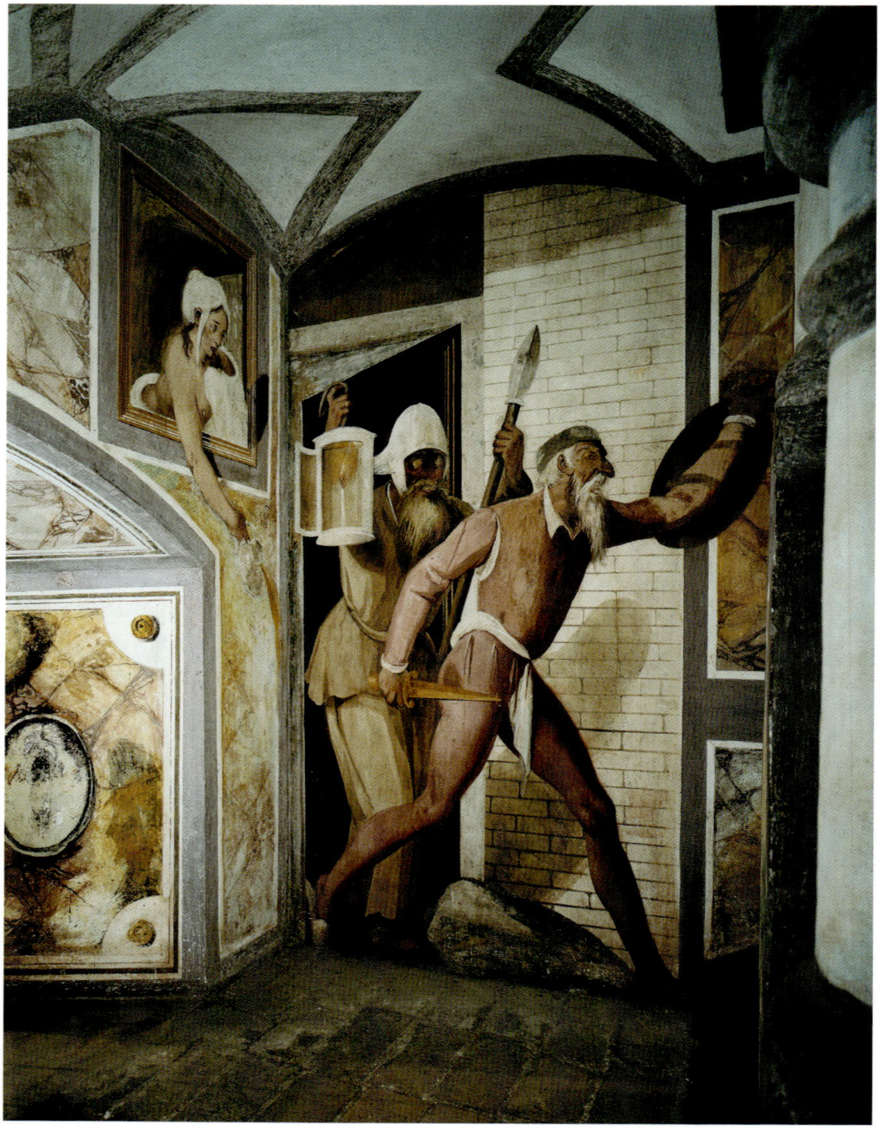

*Schwer bewaffnet eilt Pantalone einem Kampf entgegen. Sein Diener folgt ihm mit Lampe und Speer.*

1568 feierten die Wittelsbacher Herzöge in München eine Hochzeit, wie es sie seit langer Zeit nicht mehr gegeben hatte. Der 20jährige Wittelsbacher Erbprinz Wilhelm vermählte sich mit seiner Auserwählten, der lothringischen Prinzessin Renate. Drei Wochen dauerten die Festlichkeiten. Tanz, Turniere und Theater füllten das Programm. Das Prinzenpaar erfreute sich mit seinen Gästen besonders an den neuartigen launigen und komischen Stegreifstücken aus Italien, der Commedia dell'arte.

„... und wenn die meisten von ihnen auch nicht verstanden, was gesprochen wurde, war die Komödie doch so hervorragend gespielt (...), daß alle Anwesenden sich buchstäblich vor Lachen wälzten", beschreibt der italienische Hofkünstler Massimo Troiano die Aufführung zum Hochzeitstag.

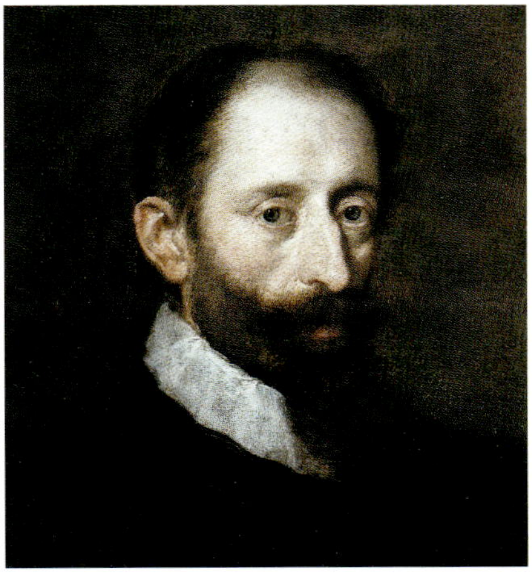

*Herzog Wilhelm V. von Bayern, gemalt von Hans von Aachen 1589*

Wie die Commedia dell'arte in der zweiten Hälfte des 16. Jahrhunderts entstand, ist für die Theaterforschung bis heute ein Rätsel. Aber die gekonnten Possenspiele waren so beliebt, daß sie sich in den 200 Jahren ihres Beste-

*Westseite des inneren Burghofs von Burg Trausnitz*

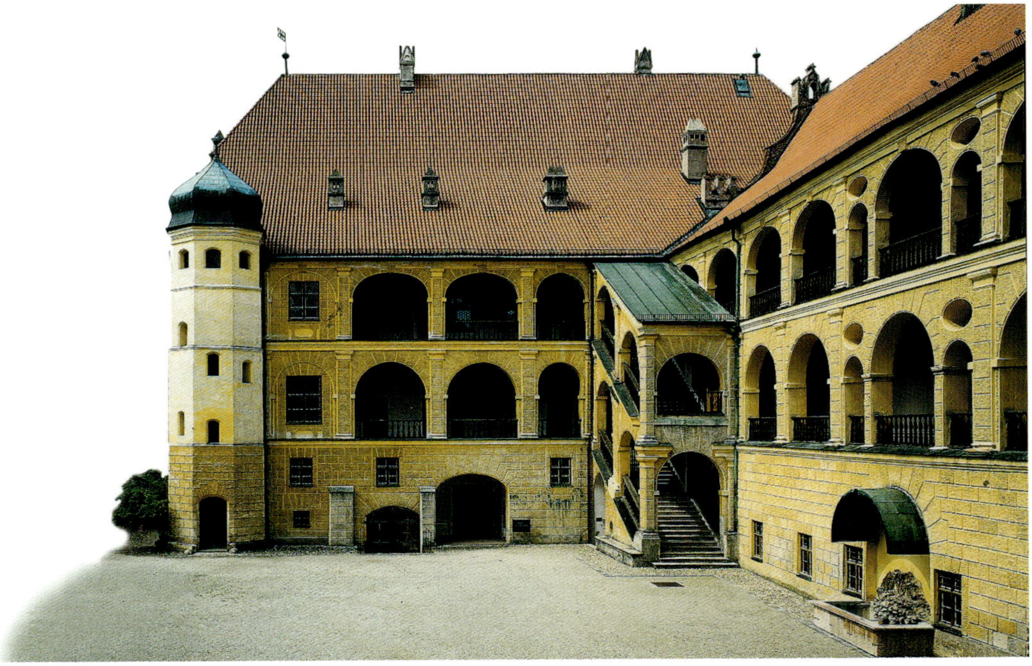

hens wie ein Lauffeuer über ganz Europa ausbreiteten. Die Wittelsbacher, die der italienischen Kultur sehr aufgeschlossen gegenüberstanden und die neuesten Strömungen in Kunst und Architektur nach Bayern brachten, gehörten zu den ersten, die die Commedia dell'arte an ihrem Hofe pflegten.

Die Stücke aus dem Stegreif wurden von fahrenden Künstlertruppen gespielt, deren Mitglieder immer dieselben Figuren verkörperten. Nur Handlungsabläufe und Beziehungen der Figuren untereinander wurden zuvor grob abgesprochen – Textvorlagen gab es nicht. Situationskomik, Wortwitz und Gebärdensprache mit viel Akrobatik gaben den Burlesken immer neue Wendungen. Die mitwirkenden Hauptpersonen in diesen mitunter deftigen Darbietungen waren indes genau charakterisiert: Pantalone, ein ergrauter Kaufmann aus Venedig, geldgierig und als unverbesserlicher Schürzenjäger lächerlich, sein Diener Zanni, schlau, brutal und sich an der Dummheit seiner Herren schadlos haltend, der zweite Diener Arlecchino, einfältig und faul, aber sympathisch – er war der Vorläufer des deutschen Harlekin –, der Capitano, ein eifersüchtiger, großspuriger Feigling und Lügner sowie eine Dienerin mit lockerer Moral. Vom Strom des Lebens mitgerissen, betrügen die Akteure und werden betrogen, prügeln und lieben sich, „lüstern und rachsüchtig, immer getrieben von den kleinlichsten und großmütigsten Gefühlen", wie der rumänische Theaterregisseur David Esrig schreibt. Dazwischen wandelt ein Liebespaar, das, stets nach dem Dernier cri gekleidet, geziert Gefühle und Poesie pflegt – was zwischen den vor Lebenslust sprühenden Figuren gestelzt und lustig wirkte.

*Zanni treibt den störrischen Esel an.*

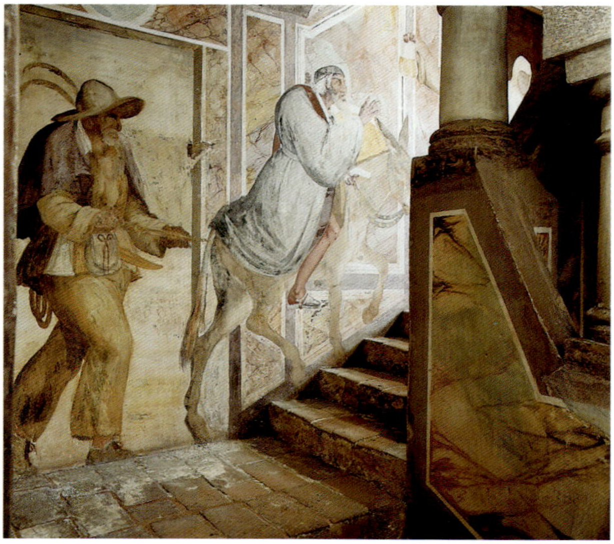

Auf Burg Trausnitz, dem Prinzensitz der Wittelsbacher hoch über ihrer Residenzstadt Landshut, verlebte das frisch vermählte Paar elf vergnügliche und leichtbeschwingte Jahre. Man hielt prächtig Hof, sammelte Kunst und Kuriositäten und häufte unbekümmert riesige Schulden an – bis dem herzoglichen Vater Albrecht IV. endgültig die Geduld riß. Nun wurde radikal gespart und der Commedia dell'arte-Truppe gekündigt. In Erinnerung an die unbeschwerte Zeit ließ Wilhelm V., der den Fürstenbau im Westen von Burg Trausnitz um den sogenannten „italienischen Anbau" ergänzte, die Repräsentationszimmer und die Haupttreppe mit Grotesken und Szenen aus der Commedia dell'arte schmücken. Damit beauftragte er Friedrich Sustris und dessen Schwager Alessandro Scalzi, nach seiner Heimatstadt Padua „Padovano" genannt. Vor allem Padovano schuf 1579 mit seinen Malereien ein pralles Szenario illusionistischen Theaters.

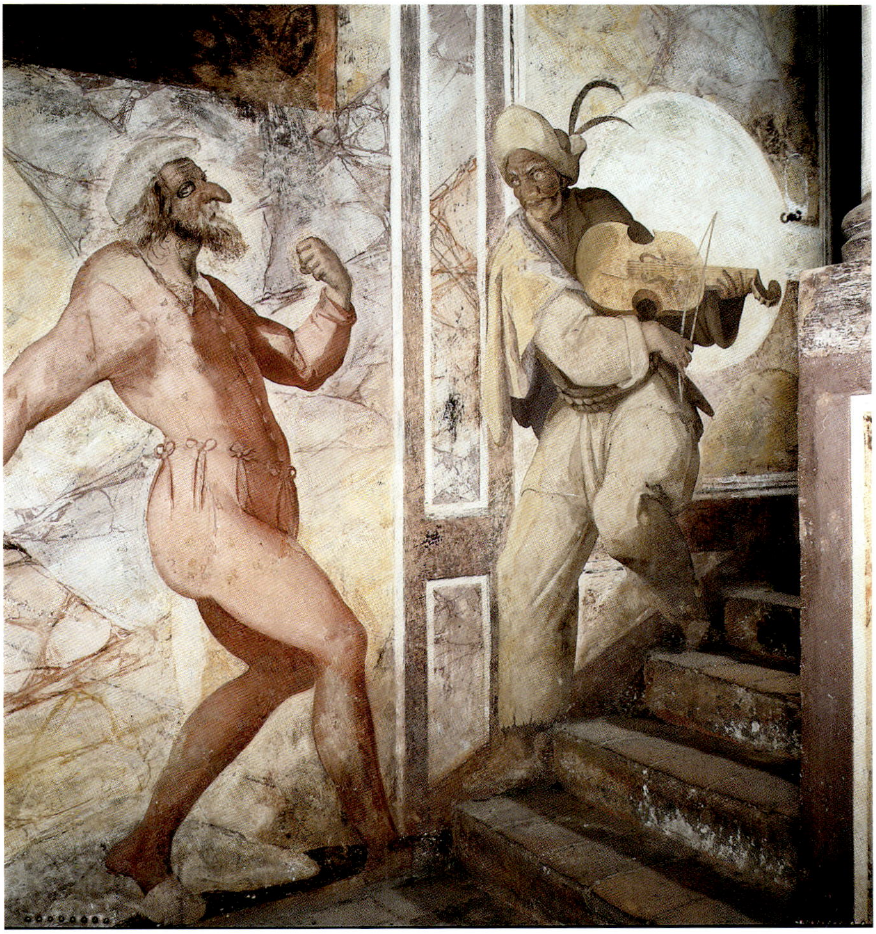

*Pantalone bringt ein Ständchen, Zanni begleitet ihn auf der Geige.*

Leider wurde bei einem verheerenden Brand 1961 ein Großteil zerstört. Erhalten aber blieb die „Narrentreppe", die über vier Etagen laufende Schachttreppe, in der sich der Speisenaufzug befand.

Sie gilt heute als ein einzigartiges Kunstwerk und gibt – zusammen mit den Archivquellen in Burg Trausnitz – Zeugnis von einer Kunstform des Theaters, die Goethe begeisterte und in Gottsched einen erbitterten Gegner hatte.

Dieser Johann Christoph Gottsched brachte die Prinzipalin Caroline Neuber 1737 dazu, den Hanswurst in einer spektakulären Aktion von der Bühne zu verbannen. Einer der letzten Harlekintalente bemerkte seinerzeit, dieses Ansinnen „sei ein wahrhaft Gottschädlicher Gedanke". Er sollte recht behalten. Anfang des 20. Jahrhunderts feierte die Commedia dell'arte in neuer Form in den Stummfilmen Buster Keatons oder Charlie Chaplins eine ruhmreiche Renaissance.

# Sezieren als Schauspiel

*Mit dem Bau des Anatomischen Theaters 1789–90 nahm Carl Gotthard Langhans Bezug auf italienische Renaissance-Villen.*

Wahrer Noblesse können, wenn die Haltung stimmt, ein ausgewaschenes Kleid oder ein verschlissener Hemdkragen nichts anhaben. In dieser edelstrengen Form behauptet sich inmitten hoher Bäume und alter Institutsgebäude der Berliner Humboldt-Universität an der Luisenstraße auch das Anatomische Theater von Carl Gotthard Langhans. Der vornehmen Baugesinnung tun blätternder Putz und wuchernde Sträucher keinen Abbruch. Die Not sieht nur, wer dem Bauwerk ganz nahe kommt. Im Sommer sind das besonders viele junge Menschen, Studenten, die sich in dem ruhig gelegenen, verwunschenen Garten im Gras niederlassen und hier, abseits der vielbefahrenen Straßen in Berlin-Mitte, die etwas morbide Stimmung genießen.

Hinter Patina und bröckelnder Fassade – sie wird in den kommenden Jahren Stück für Stück restauriert – ist das Meisterwerk gut zu erkennen. Langhans verwirklichte es 1789–90 auf dem Grundriß eines griechischen Kreuzes,

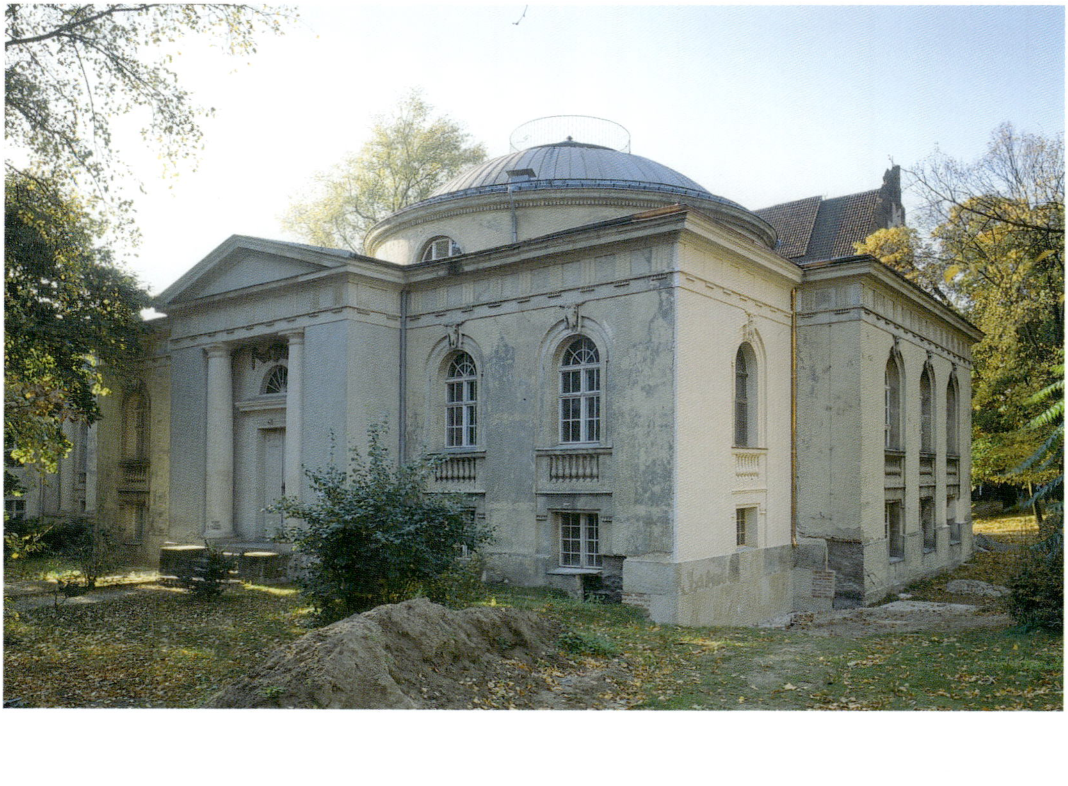

nahm Bezug auf italienische Renaissancevillen und wählte als krönenden Abschluß eine freitragende Kuppel.

Das Anatomische Theater ist das erste Gebäude der 1787 gegründeten Königlichen Tierarzneischule zu Berlin und heute das älteste erhaltene akademische Lehrgebäude der Hauptstadt. Sein etwas verwunderlicher Name erinnert an das erste Anatomische Theater von 1594 in Padua. Unter Protest konservativer Forscherkollegen sezierte dort Andreas Vesal (1514–1565) und revolutionierte die Anatomie. Denn bis dahin wurden Sektionen nur im Geheimen oder von Ärzten in Friedhofsgebäuden vorgenommen. Lehrsektionen wie in Padua fanden zunächst in kleinem Kreis statt. Später öffnete man die Türen auch für interessierte Bürger. Die Bezeichnung „Theater“ weist noch auf diese Tradition hin, Sektionen in prunkvollem Rahmen als ausgelassene, mehrere Tage dauernde Schauspiele für ein zahlungskräftiges Publikum zu zelebrieren. In Berlin freilich ging es immer nüchterner zu. Die Öffentlichkeit blieb ausgesperrt, der Name „Theater“ aber wurde übernommen.

Für die Tierarzneischule kaufte König Friedrich Wilhelm II. eigens ein weitläufiges Grundstück, um Wissenschaftlern und Studenten eine würdige Arbeitsstätte zu schaffen. Dabei hatte er ganz praktische Zwecke für seine neue Hochschule im Sinn: Die Armee benötigte dringend gesunde Pferde. Deshalb sollten des Königs Militäreleven als „Curschmiede“ und „Thierärzte“ ausgebildet werden. Es war vorgesehen, Tierseuchen zu erforschen und in Zukunft zu verhüten. Der Anspruch an Ort und Architektur war hoch: Der Gräflich Reußsche Garten im Nordwesten Berlins, damals einer der schönsten der Stadt, war ausgewählt worden und als Baumeister Carl Gotthard Langhans, der zur gleichen Zeit das Brandenburger Tor errichtete.

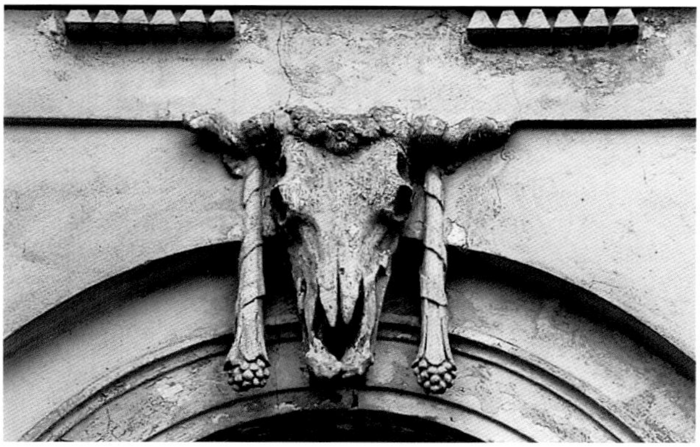

*Rinderschädel als Schlußsteine zieren die Fensterbögen an der Fassade.*

Richtig spannend wird Architektur oft erst, wenn man sich den Details zuwendet: Die Schlußsteine der Fensterbögen an der Außenfassade bilden Rinderschädel, die durch die Verwitterungen wie angefressen und noch unheimlicher wirken. Sie lassen einen erschauern und geben den Vorgeschmack auf das, was die Besucher im Inneren erwartete.

Denn der elegante Klassizismus, der äußere Schein, war das eine, der Blick hinter die Fassade, wo es um das Sezieren von Tierkadavern ging, das andere. Auch im Hörsaal dominiert Wohlproportioniertes. Wie in einem Amphitheater steigen die Sitzreihen des kreisrunden Saales an. Filigran verzierte Holzgeländer winden sich als Spirale bis zur Kuppel, deren plastische Malerei sie noch höher erscheinen läßt. Von den engen Sitzreihen hatten die Studenten freien Blick auf den Professor und die Tiere. Wie in vielen wirklichen Theatern gab es eine Öffnung im Boden, durch die ein

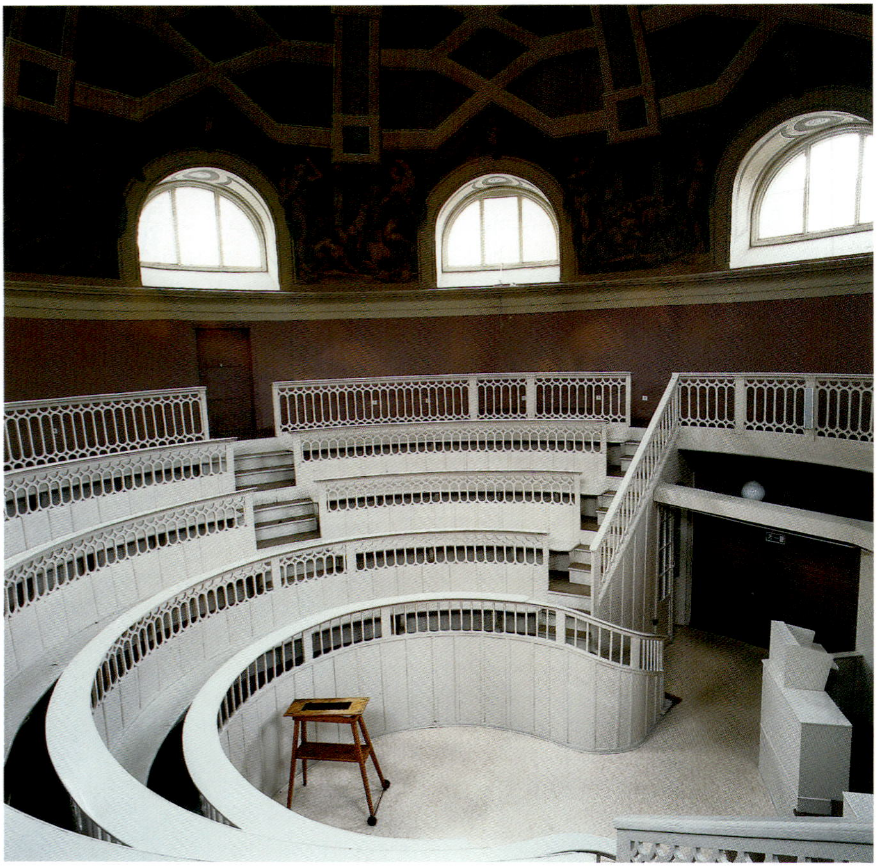

*Im kreisrunden Hörsaal hatten die Studenten freien Blick auf den Professor, der die Tierkadaver sezierte.*

Hubtisch aus dem darunter gelegenen Präpariersaal in den Vorlesungsraum befördert wurde. Alle konnten hier ihre Wißbegierde stillen, denn dank Langhans' Professionalität war der Saal durch die Kuppel und ihre zentrale Laterne mit Tageslicht so gut beleuchtet, daß den Zuschauern keine Einzelheit verborgen blieb.

Die etwas makabre Seite des Theaters fällt auch innen erst nach und nach auf, zumal der Architekt die Anspielungen dezent gestaltete: Pferdeschädel prangen über den Fenstern des Saals, in der Bibliothek nebenan schmücken glänzend polierte Ziegenschädel und Rosengirlanden die originalen Langhans-Schränke. Nur wer genau hinschaut, erkennt, daß die Tiere nicht etwa präparierte Skelette, sondern aus Lindenholz geschnitzt sind.

Rund hundert Jahre lang diente dieser Bau dem Anatomischen Institut der Tiermedizin. Später wurde er den wachsenden Bedürfnissen angepaßt und durch Nebengebäude erweitert. Seit 1906 werden alle Gebäude für die Ausbildung in Lebensmittel-Hygiene genutzt, der Hörsaal selbst aber nur noch sporadisch für Festakte.

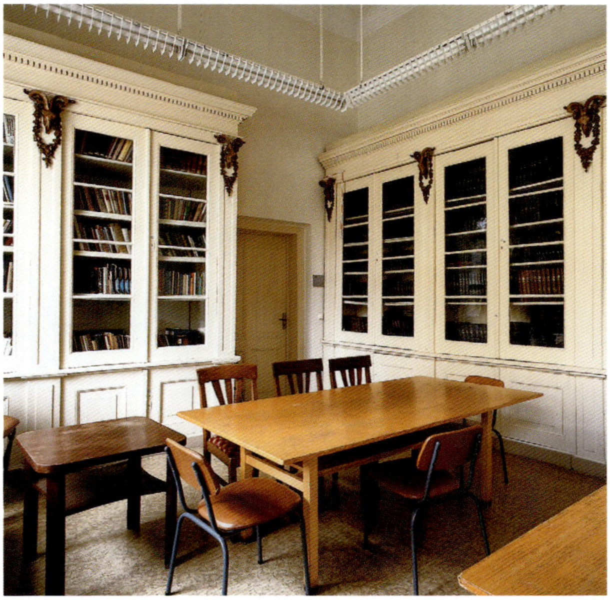

*Blickfang der Bibliothek sind die Ziegenschädel aus Lindenholz.*

Auch wenn das Anatomische Theater erst langsam in das Bewußtsein der Berliner gedrungen ist – sicher auch, weil es etwas verborgen liegt und schwer zugänglich ist –, wurde es seit jeher als bedeutendes Denkmal betrachtet und ist in den vergangenen Jahrzehnten immer wieder repariert worden. Derzeit wird dieses Bauwerk von außerordentlich baukünstlerischer Qualität mit Hilfe der „Stiftung Anatomisches Theater" unter dem Dach der Deutschen Stiftung Denkmalschutz restauriert. Zunächst die Putzfassade mit ihren Elementen aus Sandstein, anschließend dann die Kuppel, denn ihre Holzkonstruktion weist Mängel auf, und das Dach soll mit Kupfer neu gedeckt werden. Dank der privaten Initiative eines Förderers der Deutschen Stiftung Denkmalschutz, Dr. Folkard Edler, der durch Berlin radelte und das zugewachsene Kleinod entdeckte, ist nun ein erster, wichtiger Anstoß gegeben. Die Deutsche Stiftung Denkmalschutz hofft darauf, daß die Arbeiten mit Hilfe weiterer Spenden oder Zustiftungen schrittweise ausgeführt werden können.

Für ein denkmalpflegerisch unbedenkliches Nutzungskonzept sorgt die Humboldt-Universität gemeinsam mit der Freien Universität: Fest steht, daß sich die zukünftige Nutzung an der ursprünglichen Struktur des Gebäudes orientieren wird. Außerdem sollen Sammlungsbestände Einzug finden und der Hörsaal kann weiterhin akademischen Festakten und kulturellen Veranstaltungen dienen. Daß hier der Senator für Stadtentwicklung gelegentlich die Ferdinand-von-Quast-Medaille, eine Auszeichnung für besondere Verdienste um die Denkmalpflege in Berlin, verleiht, scheint ein gutes Zeichen für die Zukunft des Hauses.

Schon bald entwickelt sich das Anatomische Theater vielleicht vom Geheimtip zu einer Pilgerstätte für Architekturliebhaber.

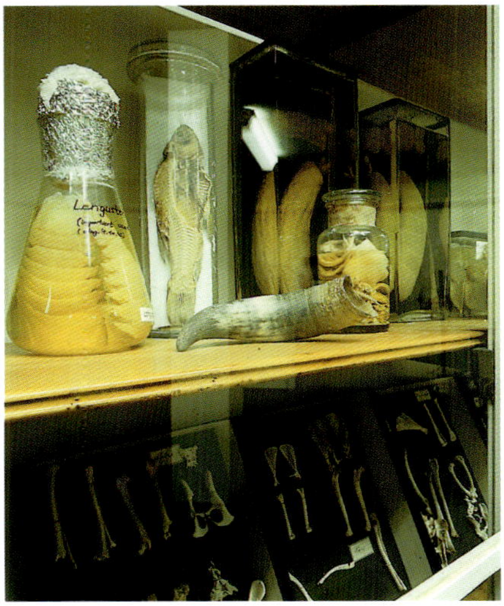

*Präparate im Glas verweisen auf die Funktion des ehemaligen Präpariersaals unter dem Hörsaal.*

# Das Neuzeller Passionstheater

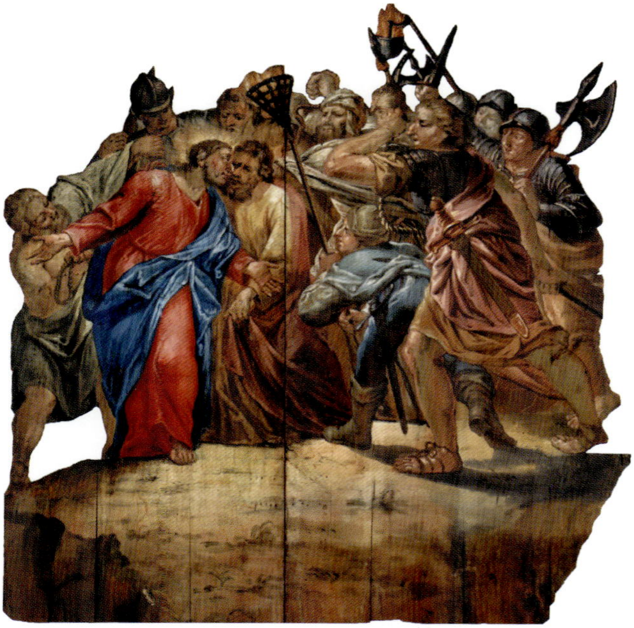

*Figurentafel „Der Judaskuß"*

Kein Zeitalter hatte mehr Sinn für pompöse Inszenierungen als das des Barock. Man frönte der Schaulust bei kirchlichen Feierlichkeiten nicht weniger als bei höfischen. Ostern, als Fest der Auferstehung ältester und höchster christlicher Feiertag, wollte besonders eindringlich und aufwendig zelebriert sein: So geriet der Opfertod Jesu zum Bühnendrama und sein Grab zur Theaterkulisse.

Im Zisterzienserkloster Neuzelle in der Niederlausitz, seit der Reformation eine katholische Insel inmitten einer protestantischen Region, wurden die Karwoche und das Osterfest entsprechend feierlich begangen. Mitte des 18. Jahrhunderts gab der ambitionierte Abt Gabriel Dubau für die Klosterkirche ein Heiliges Grab in Gestalt eines hölzernen Figurentheaters in Auftrag. Von ursprünglich fast 240 Einzelteilen haben sich rund 220 erhalten. Obwohl derartige Kulissengräber in katholischen Ländern weit verbreitet waren, ist das Neuzeller Passionstheater aus dem Jahr 1751 in seiner Vollständigkeit einzigartig in Mitteleuropa.

Das sogenannte Heilige Grab faszinierte die Christenheit von Anbeginn. In Jerusalem hatte Konstantin der Große im 4. Jahrhundert an der Stelle, wo das Felsengrab Christi vermutet wurde, einen Zentralbau errichten lassen. Pilger strömten scharenweise zu der heiligen Stätte, und in der ganzen christlichen Welt gab es Nachbildungen. Vor allem die Kreuzfahrer trugen zur Verbreitung des Kultes bei. Die liturgische Verehrung des Ortes, der an den Kreuzestod und die Auferstehung Christi gemahnte, fand in der Karwoche ihren Höhepunkt: Das Kreuz, eine Christusfigur oder die Hostie wurden zunächst im Heiligen Grab bestattet, um dann in der Osternacht feierlich erhoben zu werden.

Aus dem Bedürfnis nach Vergegenwärtigung der Leiden Christi entwickelten sich im 15. Jahrhundert die geistlichen Osterspiele. Figurenreich wurden auf einer Bühne die einzelnen Stationen der Passion dargestellt. Parallel dazu etablierte sich die Tradition,

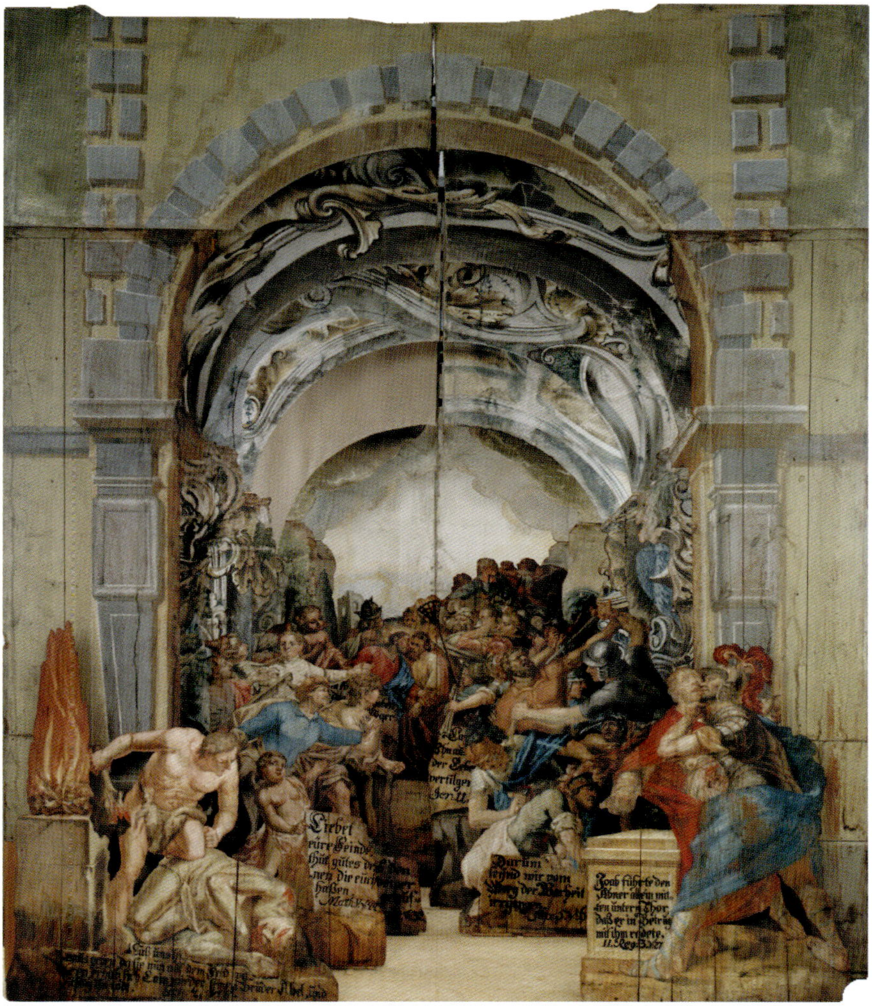


*Die frisch restaurierte Szene „Der Judaskuß“ im Bühnenbild „Im Garten“, um 1751*

nur für die Zeit der Karwoche bewegliche Heiliggräber in den Kirchen aufzubauen. Sie standen meist in Form eines hölzernen Sarkophages mit einer Nachbildung des Leichnams Christi vor dem Hochaltar.

Im 17. Jahrhundert mutierte das Ostergrab schließlich zum illusionistischen Raumkunstwerk. Ein aufwendiger Kulissenapparat ermöglichte verschiedene Szenerien, die entsprechend den Feiertagen ausgewechselt wurden. In die monumentale Scheinarchitektur setzte man zweidimensionale Holzfiguren, die an die Stelle der lebenden Darsteller der Passionsspiele traten. So entstand ein Kulissentheater, auf dessen Bühne jedoch nicht gespielt wurde. Es lieferte vielmehr – gleich einem überdimensionalen Guckkasten – ein stehendes Bild, in das sich die Gläubigen versenken konnten.

*Das im 13. Jahrhundert gegründete Kloster Neuzelle liegt 30 Kilometer südlich von Frankfurt/Oder.*

Im Mittelpunkt der figürlichen Szenen stand jeweils die Monstranz, die in die Architektur integriert und – etwa durch ein Podest – besonders hervorgehoben wurde. Die Darbietung der geweihten Hostie war elementarer Bestandteil der barocken Osterliturgie. Im Zuge der Gegenreformation galt die Eucharistiefeier als ein Vehikel der vor allem von den Jesuiten verfolgten inneren Erneuerung der katholischen Kirche. Sie waren es auch, die die Verknüpfung von weltlichem Theater und Kirche förderten. Denn dramatische Kunstgriffe schienen geeignet, die Frömmigkeit zu steigern.

Beim Neuzeller Grab aus der Werkstatt des Malers Joseph Felix Seyfried dienten bis zu vier Meter hohe bemalte Leinwände und Holztafeln als Bühnendekoration. Die knapp lebensgroßen Figuren und Figurengruppen waren ebenfalls mit Leimfarben auf Holz gemalt worden.

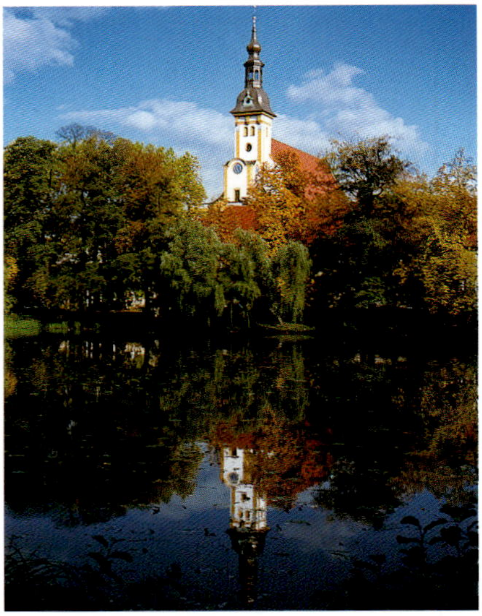

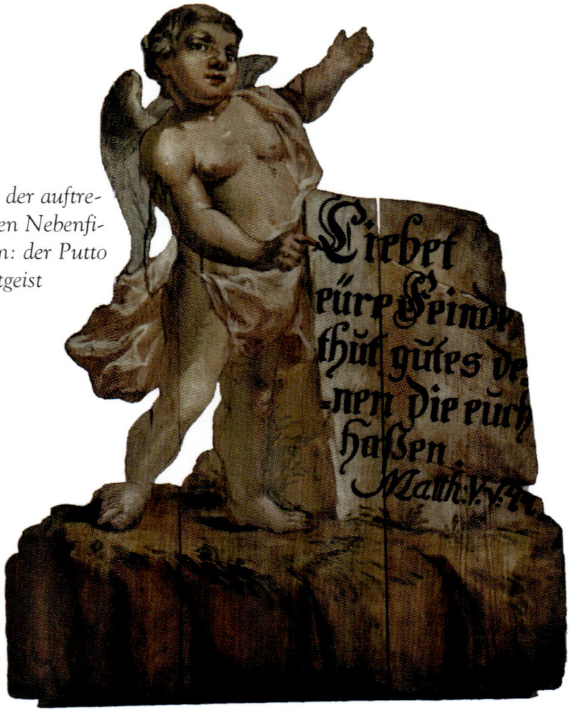


*Eine der auftretenden Nebenfiguren: der Putto Deutgeist*

Das Heilige Grab wurde vor dem Chor der Klosterkirche aufgebaut. Hinter dem sechs Meter hohen Proszenium öffnete sich die Kulissengasse, die mit einer Schlußkulisse endete. Die auf acht Ebenen hintereinandergestaffelten Kulissen wurden nach hinten immer kleiner, um so den Eindruck räumlicher Tiefe zu verstärken. In diesen Bühnenraum stellte man nach genau festgelegtem Schema die verschiedenen Figuren. Eine Fußleiste ermöglichte den sicheren Stand der Holztafeln.

Es gab fünf Bühnenbilder, in denen sich die insgesamt 14 Stationen der Passion sowie die Auferstehung abspielten: „Im Garten“ fand das Gebet am Ölberg statt, der „Palast“ war der Schauplatz des Verhörs und der Verspottung Jesu, im „Palasthof“ trugen sich Geißelung und Dornenkrönung zu, vor der „Stadt“ wurde die Kreuztragung inszeniert, und der „Kalvarienberg" war der Ort der Kreuzigung. Für Grablegung und Auferstehung wurde wiederum das erste Bühnenbild „Im Garten" verwendet. Vor der Schlußkulisse diente jeweils eine passende Architektur der Aufnahme der Monstranz.

Ein Bild wurde in der Regel von sieben Figuren dargestellt. Um die Hauptszene, die sich meist auf Höhe der fünften Kulisse befand, traten verschiedene Apostel und Jünger auf. Sie wurden von Figuren aus dem Alten Testament begleitet, die den heilsgeschichtlichen Zusammenhang verdeutlichen sollten. Weitere Nebenfiguren – Kinder oder Putti – kommentierten das Geschehen mit wörtlicher Rede Jesu. Auch den eigentlichen Höhepunkt verkündete ein Engel mit dem Spruchband: „Er ist auferstanden".

Um die dramatische Wirkung im verdunkelten Kirchenraum noch zu steigern, beleuchtete man die Kulissen mit Kerzen und Öllampen. Diese Methode war jedoch nicht ganz ungefährlich, wie Brandspuren bezeugen. Ursprünglich wurden innerhalb einer Passionszeit sämtliche Szenen nacheinander gezeigt. Im 19. Jahrhundert beschränkte man sich wegen des immensen Aufwandes darauf, in jedem Jahr nur ein Bild zu präsentieren.

Nach der Aufhebung des Klosters 1817 wurde das Heilige Grab in der Josephskapelle der mittlerweile als evangelische Pfarrkirche genutzten Stiftskirche aufgebaut. 1864, als die Feuchteschäden an den Kulissen bereits dramatische Ausmaße angenommen hatten, beantragte der Neuzeller Pfarrer ein neues Heiliges Grab. Die alten Passionsdarstellungen wurden ausgelagert und überstanden so immerhin den Brand, der im Jahr 1892 Teile des Klosters zerstörte.

Seit 1985 sind drei Figurengruppen in der Alten Sakristei der Stiftskirche zu sehen. Der gesamte Bestand war jedoch in den Nebenräumen im Turmbereich der Kirche untergebracht und wurde erst 1997 im Rahmen von Sanierungsmaßnahmen gesichtet, erfaßt und dokumentiert. In den Jahren 2001 bis 2003 wurden Restaurierungs- und Konservierungsmaßnahmen an der Szene „Der Judaskuß" aus dem Bühnenbild „Im Garten" durchgeführt und im Anschluß daran der Öffentlichkeit vorgestellt. Erstmals seit fast 140 Jahren konnte man einen Eindruck von diesem monumentalen Barockkunstwerk gewinnen. Die übrigen Tafeln sollen nacheinander restauriert werden, damit in Neuzelle eines Tages wieder die Bretter zu Ehren kommen, die in der Osterliturgie des Barock die Welt bedeuteten.

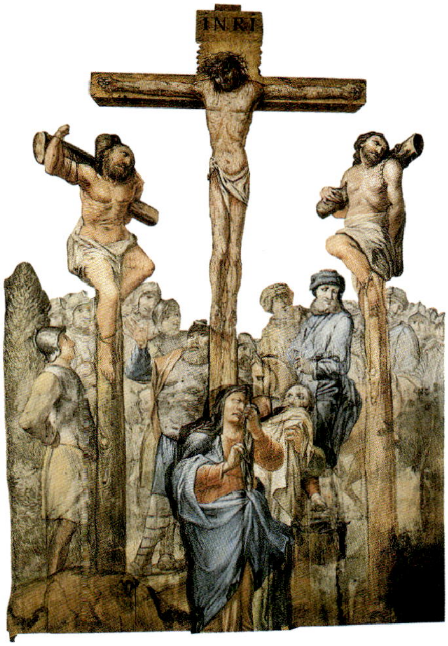


*Figurentafel mit Jesus auf dem Kalvarienberg, noch unrestauriert*

# Bilder vom „Grünen Hügel“

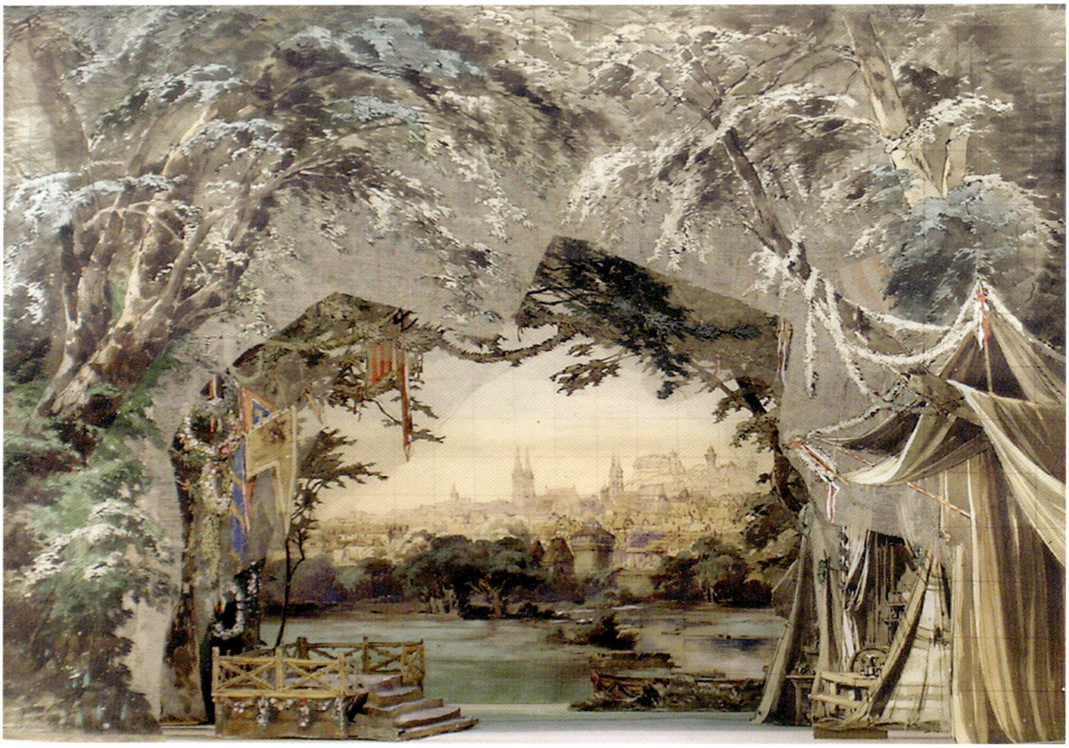

*Die Festwiese aus dem 3. Akt der „Meistersinger von Nürnberg“ im Bühnenbildmodell, 1888 von Max Brückner zur ersten Aufführung im Festspielhaus entworfen.*

„Herrin vom Hügel“ und „Gralshüterin“ nannte man sie und war nicht unbedingt gut auf sie zu sprechen. Cosima Wagner, geborene Liszt, hatte nach dem Tod ihres Mannes, des gefeierten Richard Wagner, sein „Bayreuther Unternehmen“ fest in die Hand genommen und den Wagner-Kult endgültig ins Rollen gebracht. Um 47 Jahre überlebte sie ihn. Bis heute wird Cosima Wagner und die restriktive Art, wie sie auf dem „Grünen Hügel“ das Erbe Richard Wagners verwaltete, sehr widersprüchlich beurteilt.

Cosima Wagner inszenierte alle Aufführungen mit Bühnenbildern aus dem Coburger „Atelier für Theater- und Dekorationsmalerei“ der Gebrüder Brückner. Auf deren Atelier hatte schon Richard Wagner selbst zurückgegriffen. In seinem Gesamtkunstwerk Oper, für das er eigens das Festspielhaus in Bayreuth mit dem unsichtbaren Orchester hatte errichten lassen, war alles wohlüberlegt aufeinander abgestimmt. Dementsprechend wichtig war auch das Bühnenbild. Nun galten die Gebrüder Brückner lange Zeit als Bremser in der Entwicklung des Bühnenbilds. Man warf ihnen vor, sie hätten ausschließlich historistisch gemalt, was zu einem künstlerischen Stillstand geführt habe.

Nicht zu recht, findet der Theaterwissenschaftler Dr. Fabian Kern und führt als Beweis unter anderem die Bühnenbildmodelle in der Sammlung des Bayreuther Richard-Wagner-Museums im Haus Wahnfried an. Zudem sind neue Bühnenbildgrundrisse und Detailzeichnungen aus dem Atelier Brückner aufgetaucht und zeigen, daß die Brüder sehr viel innovativer dachten als bisher angenommen. Sie waren mitverantwortlich für die Entwicklung der traditionellen Kulissenbühne zur impressionistischen Raumbühne.

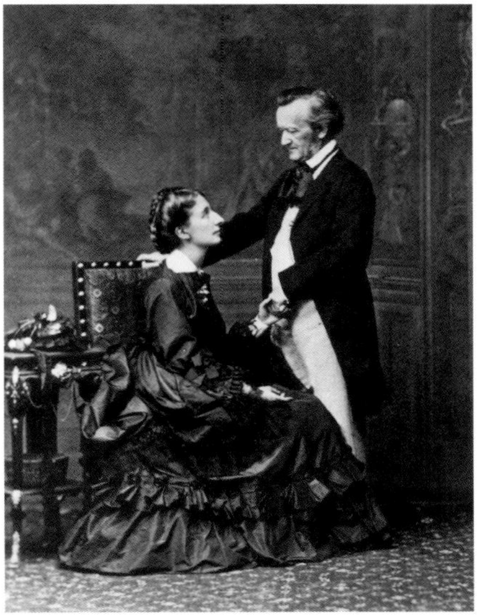

*Cosima und Richard Wagner, Wien 1872*

Viel Überzeugungsarbeit mußte Max Brückner bei Cosima Wagner leisten, bis diese 1898 den vorgeschlagenen Neuerungen zustimmte und schrieb: „Wir wollen uns also in's

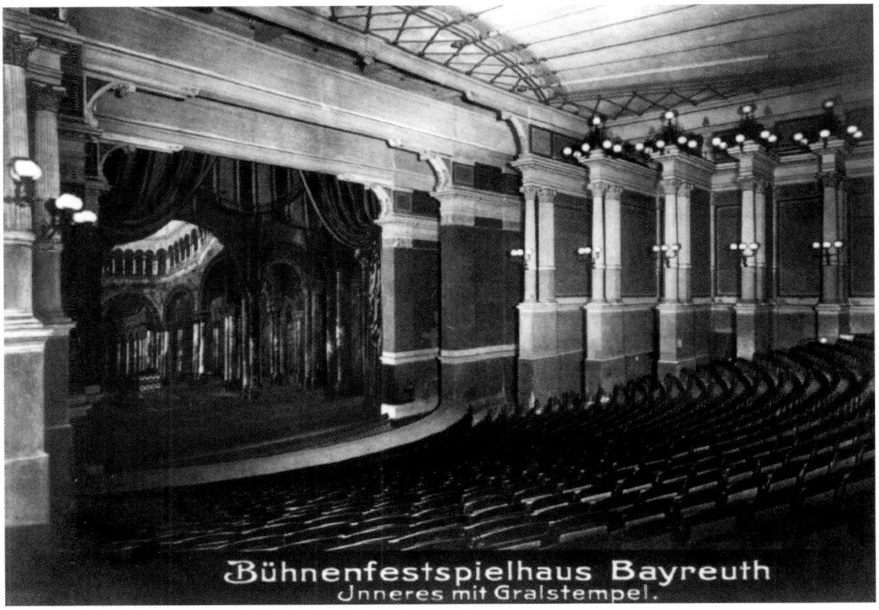


*Historische Aufnahme der Gralstempeldekoration des Parzival von 1882 im Festspielhaus*

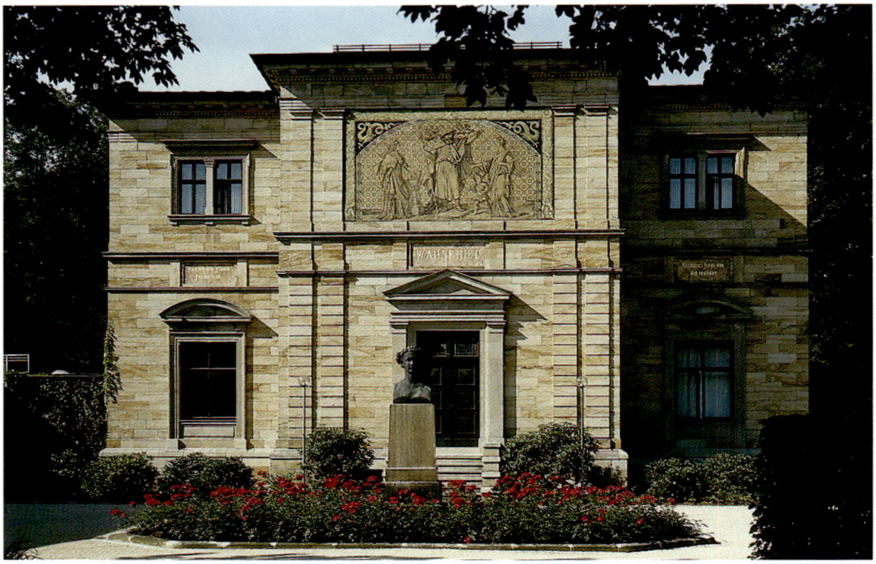


*Im Haus Wahnfried, 1874 bis 1966 von der Familie Wagner bewohnt, ist das Richard-Wagner-Museum mit der Bayreuther Bühnenbildmodellsammlung beheimatet.*

Kühne und Grüne begeben, was mir auf meine alten Tage kurios genug vorkommt."

Damit hatte Cosima Wagner, die bisher immer nur als Traditionshüterin gegolten hat, den „Startschuß" zur Erneuerung des Bayreuther Bühnenbildes gegeben. Eine Entwicklung, die sich durch die wechselvolle Geschichte des „Grünen Hügels" über die vielen von Eklats begleiteten Inszenierungen bis in heutige Zeiten zieht.

Die Sammlung der Bayreuther Bühnenbildmodelle, die zwischen 1881 und 1962 entstanden und deren Schwerpunkt die Brückner-Modelle bilden, ist in ihrer Geschlossenheit einzigartig. Sie soll – was die Herzen der Theaterfreunde höher schlagen läßt – den Besuchern des Richard-Wagner-Museums wieder zugänglich gemacht werden. Erst stand jedoch eine umfassende Restaurierung der insgesamt 87 Modelle an. Bitter nötig waren die aufwendigen Arbeiten, denn die Bühnenbildmodelle waren akut gefährdet. 2006 konnten die konservatorischen Sicherungen beendet werden. Die Deutsche Stiftung Denkmalschutz hat den ersten von insgesamt vier Restaurierungsabschnitten im Jahr 2002 unterstützt.

Auf eine dauerhafte Präsentation der Modelle muß allerdings noch ein wenig gewartet werden. Was im Kleinen in den letzten Jahren mit den Bühnenbildmodellen geschehen ist, muß nun im Großen geleistet werden: Das Richard-Wagner-Museum wird in den nächsten Jahren renoviert und umgestaltet. Eine Teilöffnung mit der Abteilung „Bühne" ist für das Jahr 2008 geplant.

Verbunden mit einem Besuch der prächtigen Barockoper der Markgräfin Wilhelmine kann man somit zukünftig in Bayreuth auf unvergleichliche Art in der Theater- und Bühnengeschichte vom 18. bis zum 21. Jahrhundert schwelgen.

# Elsa, die Standhafte aus Papier

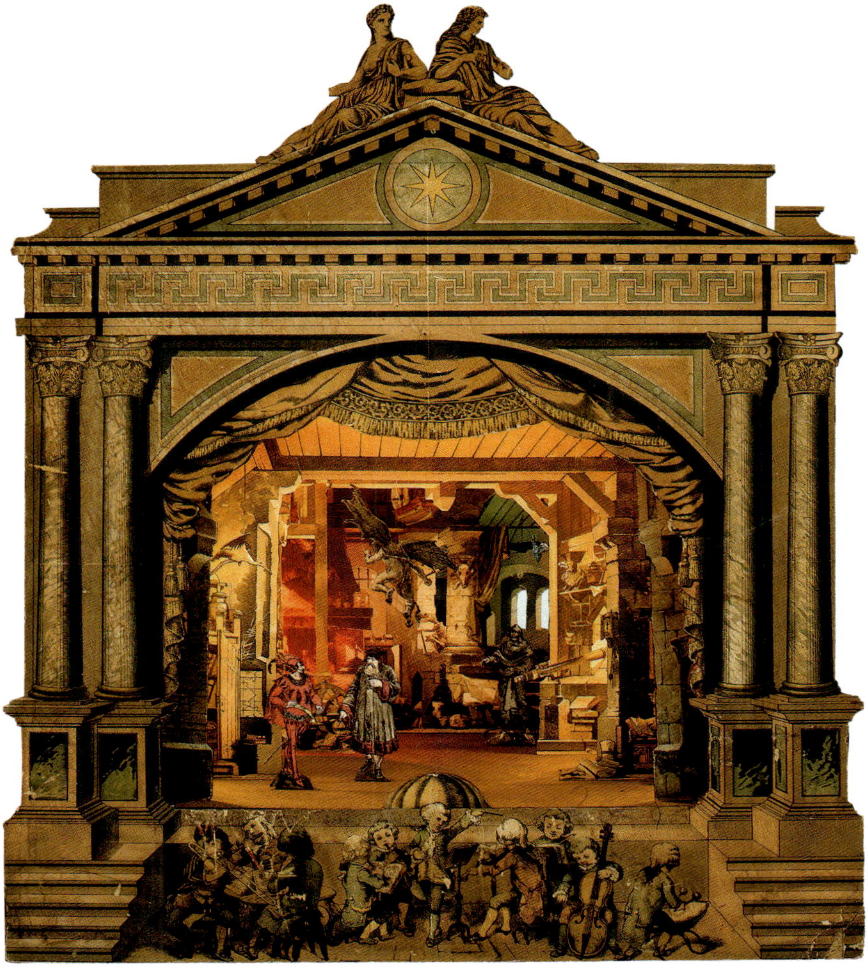

*Szenarium zu „Doktor Faust" mit Orchestergraben, von 1899*

„... Und dann kam Weihnachten, und neben der glitzernden Tanne stand ein kleines, säulengeschmücktes und mit Marmorpappe beklebtes Portal, dessen Mitte durch einen rotsamtenen Vorhang geschlossen war. Als ich klopfenden Herzens davor hintrat, riß er in der Mitte rasselnd auseinander wie das Tuch im Tempel bei der Kreuzigung Christi, und ich sah in einen winzigen Saal. In der Mitte saß auf goldenem Throne ein König, rechts und links von ihm standen ein Prinz und eine Prinzessin in feierlicher Haltung. Es war ein

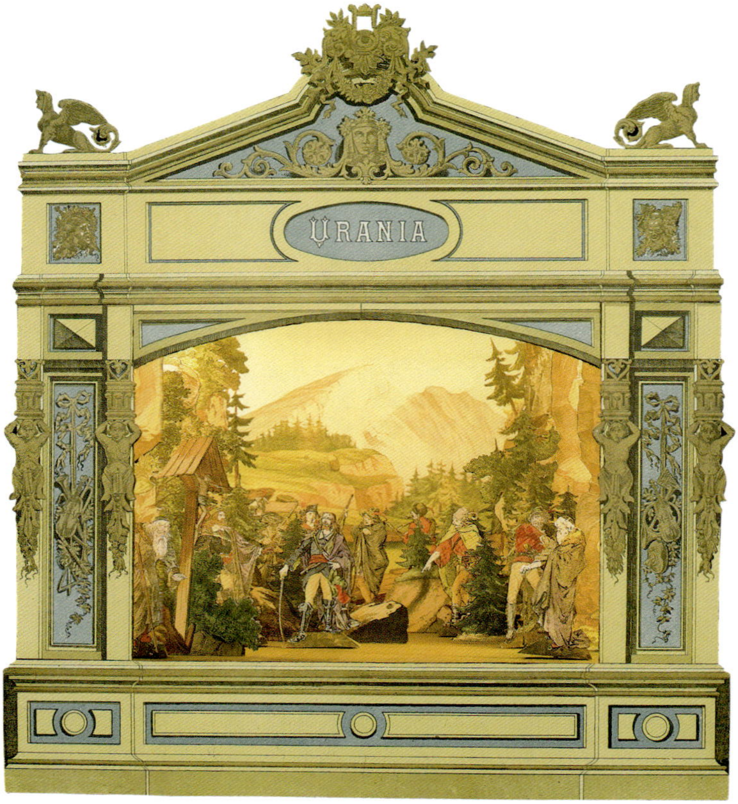


*Proszenium „Urania" von 1890 mit Dekoration „Gebirgsgegend" und den Figuren zu „Die Räuber" von 1880*

richtiges Theater im Kleinen, was da aufgebaut war, und dahinter zeigte sich mit stolzem Lächeln sein Direktor und Bühnenmeister, erster Heldenvater und jugendlicher Liebhaber, hohläugiger Schurke und seine weißgestärkte Naive, alle in einer Person, mein Vater." So begeistert wie Carl Julius Haidvogel 1944 in seiner Novelle „Vater und die Wolfsschlucht" die Leidenschaft seines Herrn Papa fürs Papiertheater schildert, so fasziniert müssen im 19. Jahrhundert viele Menschen von der Illusion der berühmten Theaterbühnen in der heimischen Wohnstube gewesen sein.

Im Biedermeier, in der Zeit zwischen 1815 und 1848, erfreute sich das Spielen mit Papiertheatern zunehmender Beliebtheit. Dies hatte mehrere Ursachen: Zum einen hatte 1798 Aloys Senefelder (1771–1834) in München die Lithographie erfunden. Mit dem Steindruck war es nun möglich, Druckerzeugnisse in großen Auflagen preisgünstig herzustellen. So auch die beliebten Bilderbögen, die sozusagen ein Vorläu-

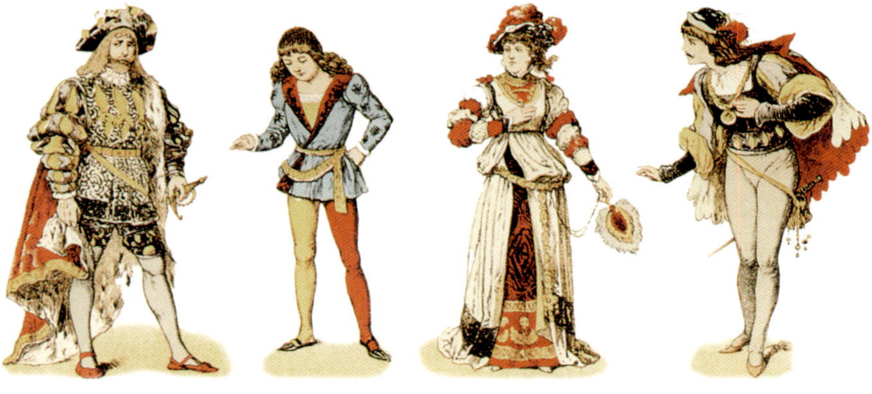

*Figuren zu „Aschenbrödel"*

fer unserer Comics waren. Bis etwa 1890 wurden die Drucke in Kolorieranstalten von Hand ausgemalt, aber dann war die Technik soweit gediehen, daß auch farbige Drucke möglich wurden.

Mit den gestiegenen Druckauflagen der Bilderbögen kamen auch die Ausschneidebögen für die selbstgebastelten Papiertheater auf den Markt. Überregional bekannt für ihre Bastelbogen wurden die Verlage Winckelmann & Söhne in Berlin, Gustav Kühn aus Neuruppin oder auch Josef Scholz in Mainz. Es gab Vorlagen für diverse Vorbühnen, die Proszenien, für Vorhänge und Kulissen sowie für Ausstattung und Figuren, die in typischen Posen und Kostümen der einzelnen Theaterstücke angeboten wurden.

Nun konnten die Freunde des Papiertheaters mit Hingabe bis in die kleinsten Details ausschneiden und -sägen, schmirgeln und leimen, um sich ihre Lieblingsbühnen in die Wohnstube zu holen. Damit die Aufführungen im stillen Kämmerlein oder vor der ganzen Familie und vor Freunden zu einem Erfolg wurden, lieferten die Verlage gleich Textbücher und Regieanweisungen mit. Die Fassungen waren stark gekürzt, denn die meisten Spielleiter schafften es nicht, länger als eine Dreiviertelstunde am Stück zu deklamieren. Daß manches Mal die vereinfachten Inhalte der Schauspiele zu kuriosen Umdeutungen führten, nahmen die Papiertheaterkünstler gerne in Kauf. Schließlich konnten sie in Wort und Bild, vor allem aber mit Effekten, wie etwa Donner per Blech oder Blitz mittels kolophoniumgefüllten Papierröhrchen, eigene dramatische Momente zaubern.

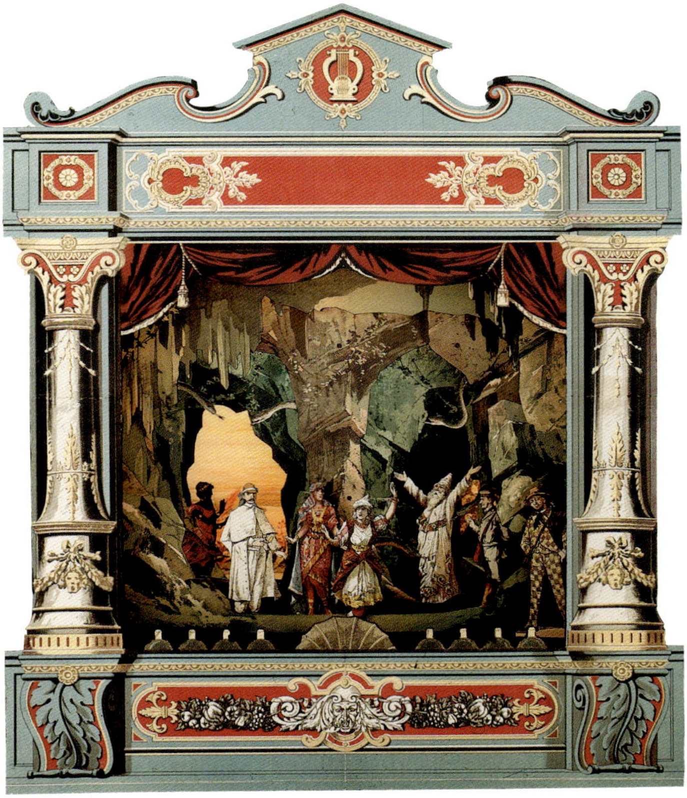

*Bastelbogen von J. F. Schreiber zu „Die Reise um die Welt in 80 Tagen“ von 1895*

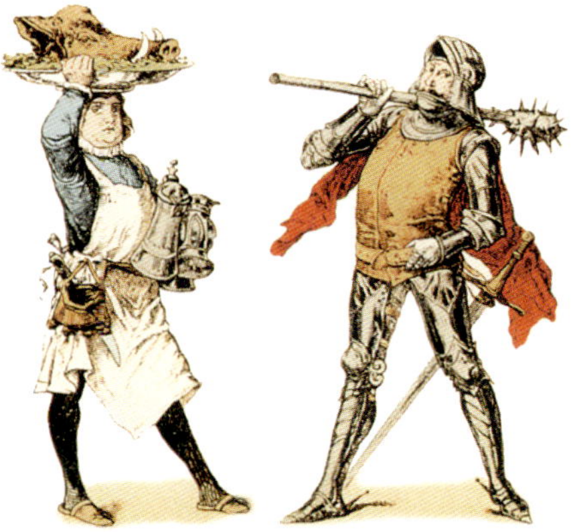

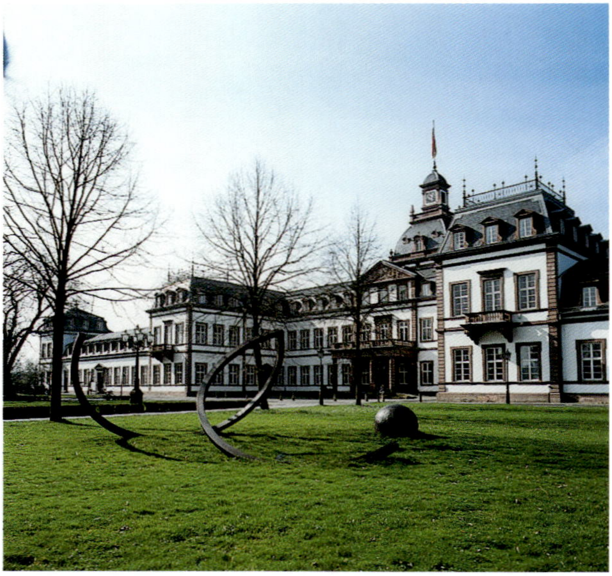

*Schloß Philippsruhe, errichtet 1701–06, heute teilweise Museum*

Aber nicht nur die technischen Möglichkeiten förderten gerade im 19. Jahrhundert die Beschäftigung mit Papiertheatern. Es war ein Ausdruck der gesellschaftlichen Situation: Nach der französischen Revolution hatte auch das Bürgertum in Deutschland an politischer Kontur gewonnen, doch die Umstände der Restauration ließen einen Rückzug ins Private angebracht erscheinen. Einen hohen Stellenwert für die Bürger besaß die Bildung, die sie vornehmlich aus dem Schöngeistigen, aus Literatur und Theater bezogen. Sich das große Welttheater ins Haus zu holen, war gerade für diejenigen, die sich Theaterbesuche nicht oft leisten konnten, eine Alternative. Die unterschiedlichsten Stücke wurden aufgeführt. Ganz besonders beliebt waren Klassiker wie „Der Freischütz", „Wilhelm Tell", „Die Räuber" oder „Die Zauberflöte", aber auch „Elsa, die standhafte Magd" stand hoch im Kurs. Als das Bürgertum in der zweiten Hälfte des 19. Jahrhunderts an Einfluß gewann, wandelte sich das Papiertheater zunehmend zum Kinderspielzeug, wie die gestiegenen Verkaufszahlen von „Schneewittchen", „Rotkäppchen" oder „Aschenbrödel" zeigen.

Die Liebe zum papierenen Theater war nicht allein auf Deutschland beschränkt. Auch in Frankreich, England, Dänemark, Spanien und Österreich bastelte und inszenierte man gerne im Kreise seiner Lieben. Bis heute hat sich eine eingeschworene Fangemeinde erhalten. Jährlich finden in Europa verschiedene Festivals des Papiertheaters statt.

Wer sich in Deutschland die liebevoll gearbeiteten Theaterbühnen anschauen möchte, der sollte in Hanau das einzige deutsche Papiertheatermuseum in Schloß Philippsruhe besuchen. Was dem einen früher sein Papiertheater war, ist dem anderen heute die Modelleisenbahn – ein herrliches Spielzeug für Erwachsene.

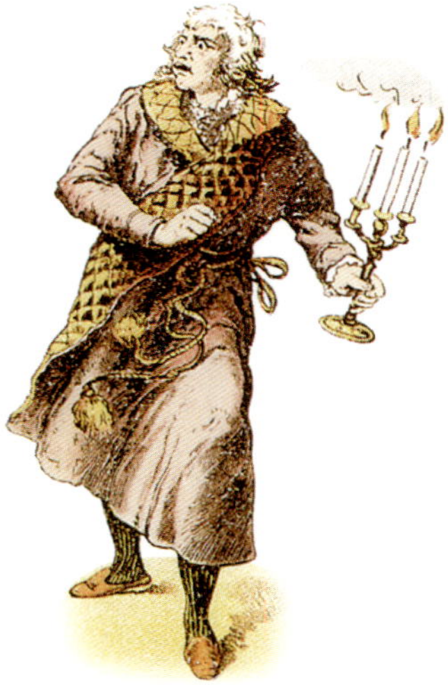

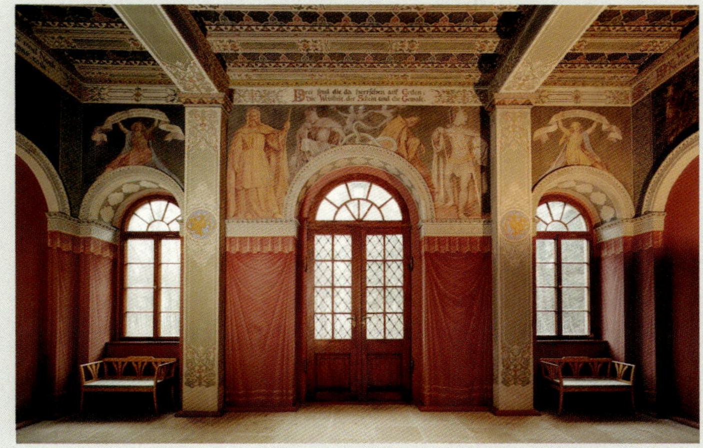

# Von schönen Räumen und wohnlichen Träumen

Wer etwas auf sich hält und über die notwendigen Mittel verfügt, der schmückt das eigene Heim – dies galt zu früheren Zeiten genau wie heute. Manche dieser Wohn(t)räume dienten dem Rückzug und der Erbauung, andere entstanden als Orte der Repräsentation, prachtvoll und aufwendig ausgestattet, mit denen der Hausherr Fremde und Freunde zu beeindrucken suchte. Künstlerhäuser strahlen eine ganz besondere Atmosphäre aus, vor allem, wenn hier ein Lebenstraum oder eine Vision der allumfassenden Gestaltung des Wohnens und Lebens Form angenommen hat. Da mutet ein faltbares und bewegliches Ziehharmonika-Raumgefüge fast wie Ironie an und ist doch nur ein pragmatischer Ausdruck seiner Zeit. Und für alles gilt: Erst die Menschen erfüllen den Raum mit Leben.

# Mit dem Meißel geschrieben

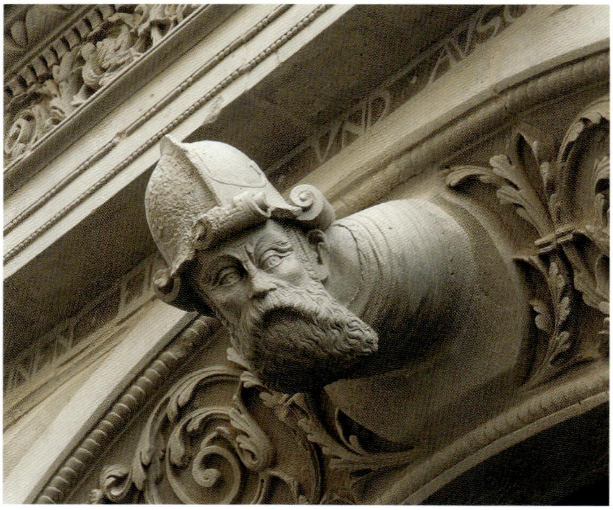

*Der behelmte Gaffkopf wacht über den Eingang des „Biblischen Hauses" in Görlitz.*

Aufmerksam verfolgt er die Vorübergehenden. Sein prüfender Blick begleitet die Passanten die steile Neißstraße vom Rathaus am Untermarkt hinunter in Richtung Neiße. Haben sie endlich den Eingang des Hauses Nr. 29 passiert, sind sie dem Augenmerk des behelmten Bärtigen über dem Portal entronnen, bleiben die Menschen häufig stehen. Fasziniert betrachten sie die ungewöhnliche Fassade des „Biblischen Hauses", das er bewacht.

Nicht von ungefähr trägt das stattliche dreigeschossige Bürgerhaus in der Altstadt von Görlitz diesen Namen. Kunstvolle Reliefbänder über den Fenstern schmücken die helle Sandsteinfassade. In detailreich ausstaffierten Szenen mit fast vollplastischen Figuren werden Geschichten aus der Bibel erzählt. Filigran gemeißelte florale Ornamente schmücken Pilaster, die die glatte steinerne Fensterfront beleben. Ein reichverziertes Sitznischenportal mit Doppeltür macht neugierig auf das Innenleben des Kaufmannshauses, das der Weimarer Waidhändler Hans Heintze 1570 bis 1572 errichten ließ.

1557 hatte der Sohn, Hans Heintze d. J., Thüringen verlassen und war nach Görlitz gezogen, weil er sich als Waid- und Tuchhändler in der florierenden Handelsmetropole eine bessere Zukunft versprach. Von 1565 an versorgte er nachweislich die Görlitzer mit Waid, aus dem der Farbstoff Indigo gewonnen wurde. Seine Geschäfte müssen erfolgreich gelaufen sein, denn kaum fünf Jahre später folgte ihm sein Vater nach und erwarb eines der Hallenhäuser in dem vornehmen Kaufmannsviertel rund um den Untermarkt. Die Neißstraße war Teil der sogenannten Hohen Straße, einer der wichtigsten europäischen Handelsstraßen, die mitten durch Görlitz führte.

In den vergangenen Jahrzehnten hatte das Wohnhaus ziemlichen Schaden genommen. Erst nach 2001 konnte es denkmalgerecht restauriert sowie gründlich erforscht und dokumentiert werden. Nun haben das Görlitzer Amt für Denkmalpflege ebenso wie die Oberlausitzische Gesellschaft der Wissenschaften Görlitz e. V. dort einen würdigen Sitz gefunden.

Es ist eines der typischen Hallenhäuser in Görlitz, in dem Wohnen und Geschäft vereint waren. In einer zentral gelegenen Halle fand der Verkauf der dort gelagerten Ware, meist in Ballen geschnürte Tuche, statt. Am Abend verwandelte sich die Halle zum Bierausschank, denn nur die Kaufleute in Görlitz hatten das Braurecht.

Mit der ungewöhnlichen Fassadengestaltung seines Hauses beauftragte Heintze vermutlich Hans Kramer, der sich seinerzeit für vier Schillinge in die Bürgerrechtsliste von Görlitz selbstbewußt als Bildhauer und nicht als Steinmetz eintragen ließ.

Kramer gehörte einer Bildhauerfamilie an. Sein Bruder Christoph war in Pirna tätig, der Bruder Michael in Olmütz. Gelernt hatten alle drei bei Hans Walther II., dem wohl einflußreichsten Dresdner Bildhauer der Hochrenaissance und späteren Bürgermeister. Von 1567 bis 1591 lebte Hans Kramer in Görlitz, wo er 1590 die Tochter des Stadtbaumeisters Wendel Roßkopf d. J. heiratete, dessen unverwechselbare Renaissancebauten noch heute die Altstadt prägen. Die Brüder Kramer arbeiteten wohl gemeinsam an dem ikonografischen Konzept, denn auch das zeitgleich entstandene Kunstwerk am Edelmannschen Palais in Olmütz ähnelt dem des „Biblischen Hauses".

Hans Heintze d. Ä. war offensichtlich nicht nur ein vornehmer Patrizier, sondern auch ein frommer Mann, gern gesehen in einer Stadt, deren Bürger stolz ihren Glauben zur Schau stellten. So sind etwa das Heilige Grab und die Annenkapelle private Stiftungen. Berühmt ist auch die prächtig ausgemalte Hauskapelle des Patriziers Hans Fremel im Haus Untermarkt 5, die wir heute als „Schatzkammer" bewundern.

Die bildhafte Fassade des „Biblischen Hauses" ist in Görlitz einmalig. In der unteren Reliefzone sind kunstvoll ausgearbeitete Szenen aus dem Alten Testament zu sehen: Erschaffung Evas, Sündenfall, Abrahams Opfer, Empfang der zehn Gebote durch Moses und Errichtung der Ehernen Schlange. Themen aus dem Neuen Testament – Verkündigung Mariens, Geburt Christi, Taufe im Jordan, letztes Abendmahl und Kreuzigung Christi – befinden sich in der mittleren Reliefzone. Das oberste Band schmücken die vier Kardinaltugenden Klugheit, Gerechtigkeit, Tapferkeit und Mäßigkeit sowie die christlichen Tugenden Liebe, Glaube und Hoffnung. Dazu gesellt sich eine achte Frauengestalt mit einem Lamm, die als Sanftmut gedeutet wird.

Der behelmte Gaffkopf über dem Eingang aber schaut keineswegs sanft. Der religiös gesinnte Waidhändler Hans Heintze wollte die gläubigen Seelen mit seiner eindrucksvollen Straßenbibel bilden und erbauen, aber auch beeindrucken. Jeder durfte sich an seinem prächtigen Haus erfreuen, doch den Eintritt sollten unter dem kritischen Blick des Wächters wohl nur finanzkräftige Kunden wagen.

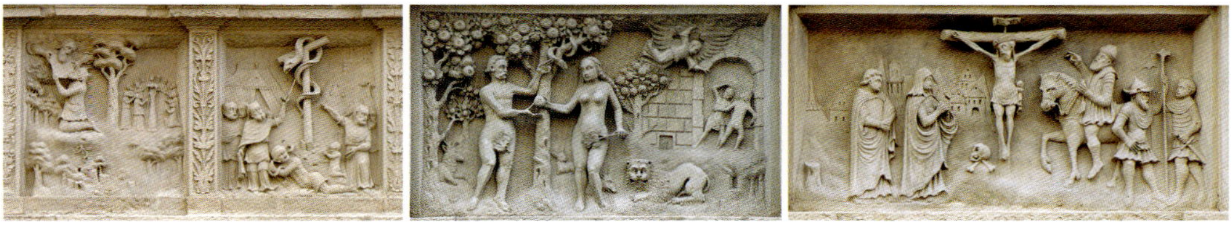

*Szenen aus der Bibel (v.l.n.r.): Moses empfängt die zehn Gebote, Errichtung der Ehernen Schlange, Sündenfall und Kreuzigung Christi*

# Gar treu bis an das Grab

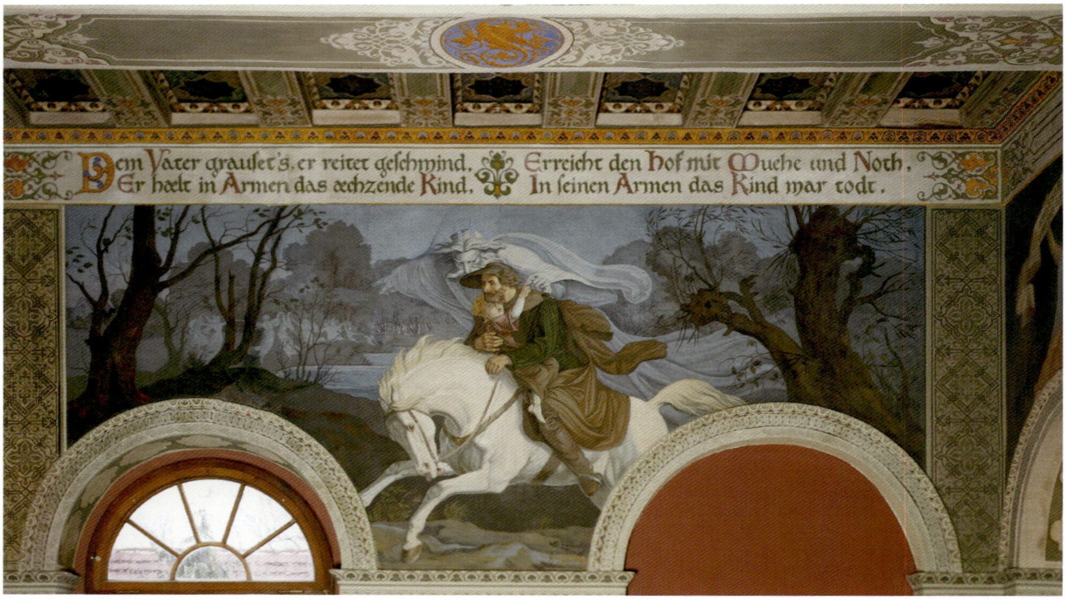


*In der Szene aus dem Erlkönig zeigte Carl Gottlieb Peschel das Verhältnis von Mensch und Natur von seiner magisch-bedrohlichen Seite.*

„Ich hatte mich gewöhnt, bey Allem was ich that, bey Allem was mich erfreute an Göthe zu denken“, schreibt Johann Gottlob von Quandt 1832. Der Kunstliebhaber ist ein Goetheaner mit Leib und Seele. 1808 hat der 21jährige Leipziger den Dichter bei einem Kuraufenthalt in Karlsbad erstmals getroffen und ihm seine Verehrung ausgesprochen. Sieben Jahre später macht ihn die Entdeckung wertvoller Gemälde alter deutscher Meister auf dem Dachboden der Leipziger Nikolaikirche in Kunstkreisen bekannt – auch Goethe bezeugt seine Anerkennung in einem Artikel. Quandt erweist sich fortan nicht nur als Kenner, sondern ebenso als bedeutender Förderer der Künste in Sachsen.

1820 vertieft er die Bekanntschaft mit Goethe bei einem Besuch in Weimar. Die ehrgeizig erworbene Bildung bringt dem Sohn eines wohlhabenden Tabakhändlers im selben Jahr die Erhebung in den Adelsstand ein. Fortan setzt er sein ganzes Leben und Wirken – sozusagen als bürgerliche Selbstvergewisserung – in Beziehung zu dem wortgewaltigen Poeten.

Bei Christian Daniel Rauch erwirbt Quandt 1823 eine Nachbildung von dessen Goethe-Büste: „Es soll dieses verehrte Portrait einen ihm allein geweihten Raum in meinem Hause in

Dresden erhalten." Natürlich wird der Geheime Rat von der Aktion in Kenntnis gesetzt. Dabei steht „Göthens Ehrensaal" erst am Anfang eines Kultes, mit dem Johann Gottlob von Quandt den Dichter und sein Schaffen zum Lebenselixier seiner Generation stilisiert.

Später korrespondieren die beiden regelmäßig über Angelegenheiten des 1828 gegründeten Sächsischen Kunstvereins, dem Quandt vorsteht. Goethe hat man als Mitglied und Berater gewinnen können. Zwei Jahre darauf kauft Quandt das nahe Dresden gelegene Rittergut Dittersbach und vergrößert den Besitz um weitere Güter in der Umgebung.

Auf der Schönen Höhe über dem Tal der Wesenitz läßt er von Joseph Thürmer ein zinnenbewehrtes Lustschlößchen errichten, das er zu seinem persönlichen Goethe-Denkmal erklärt. Bei der Grundsteinlegung für das Belvedere am 12. September 1831 wird ein Brief des Dichters eingemauert. Die Einweihung soll Goethe jedoch nicht mehr miterleben: Er stirbt am 22. März 1832 in Weimar. Mit Johann Ludwig Tieck teilt Quandt das Gefühl,

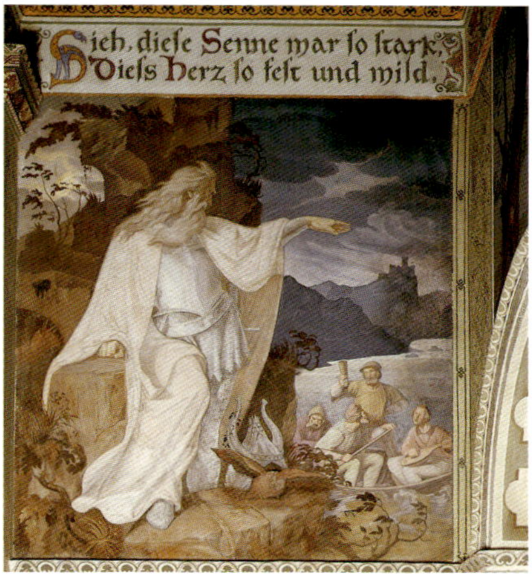


Illustration der Sturm und Drang-Ballade „Geistesgruß"

nun „verwaist" zu sein. Der schmerzhaft empfundene Verlust ist ihm ein um so größerer Ansporn, seine Gestaltungspläne für Schöne Höhe umzusetzen.

Der den Nazarenern nahestehende und damit auch Quandts romantische Kunstauffassung teilende Dresdner Maler Carl Gottlieb Peschel (1798 bis 1879) erhält den Auftrag, den Hauptraum des Turmes mit Fresken zu Goethe-Balladen auszuschmücken. Der übrigen Wand- und Deckengestaltung liegen wohl Entwürfe Gottfried Sempers zugrunde. Da „dieser Ort mehr zur Erholung, als ernsterer Thätigkeit bestimmt ist, so habe ich zu dem Gegenstand für die Malereyen kein Epos, sondern Romanzen von Göthe gewählt", erklärt der Hausherr. Entgegen seiner sonstigen Art, den Künstlern freie Hand zu lassen, hat Quandt nicht nur bei der Wahl der Motive, sondern auch bei den Details erheblich auf die Ausführung eingewirkt.

Der Saal im Erdgeschoß ist etwa acht Meter lang und viereinhalb Meter breit. In der oberen Wandzone finden sich insgesamt sechs Darstellungen, ergänzt durch Textpassagen. Die Szenen

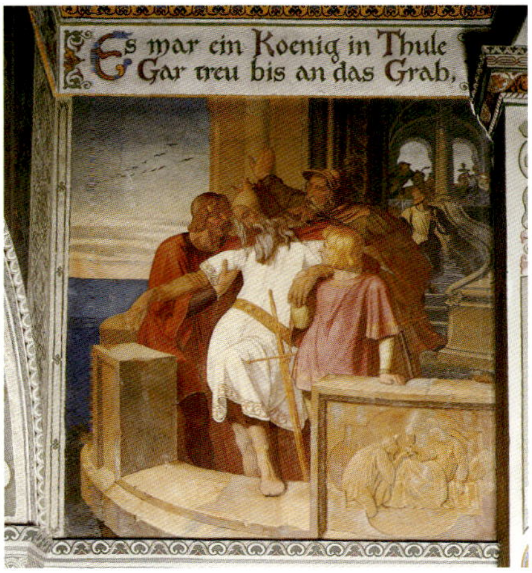


Illustration zur Goethedichtung „Der König in Thule"

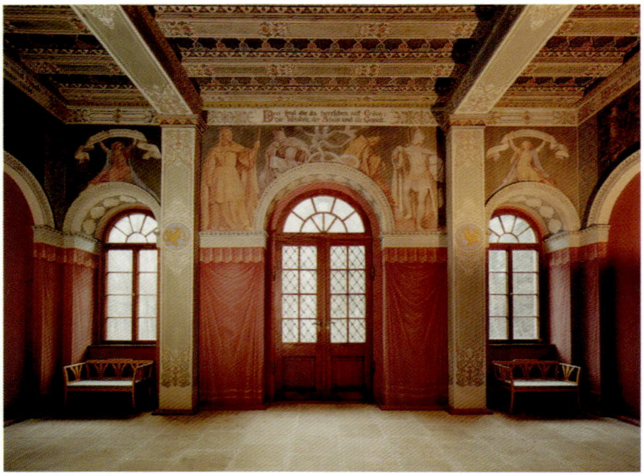

*Auch nach Quandts Tod blieb der Freskensaal Pilgerstätte für Goethe-Verehrer.*

illustrieren die Balladen „Der Sänger", „Der König in Thule", „Geistesgruß", „Der Fischer" und „Der Erlkönig". Die rätselhaften Figuren über dem Eingang beziehen sich auf das „Märchen", das Goethe 1794 in die „Unterhaltungen deutscher Ausgewanderten" aufgenommen hatte.

Goethes volkstümliche Balladen – wie die des sterbenden Königs von Thule, den Peschel an der Nordwand verewigte – entsprachen ganz Quandts idealisierter Auffassung des Mittelalters als einer Zeit, die von Liebe, ewiger Treue und Heldengeist geprägt war.

Mit der Darstellung vom „Geistesgruß" war der Auftraggeber offenbar nicht ganz glücklich: Er vermißte den Ernst, mit dem Goethe dieses „Charakterbild des Ritterthums" seiner Meinung nach gezeichnet hatte. „Die Knochen voll von Rittermark" scheint der bleiche Geist in seiner überzeichneten Pose allerdings nicht zu haben. Dabei lag Peschel mit seiner Umsetzung wohl näher am Original. Goethe hatte das Gedicht 1774 auf seiner Lahn- und Rheinreise mit Lavater und Basedow aus einer Possenlaune heraus improvisiert.

Das größte Bild an der Nordwand ist dem „Sänger" aus dem Jahr 1783 gewidmet. Goethe entwarf in seiner Ballade vom Minnesänger ein Gegenbild zu seiner eigenen Dichterexistenz, die zunehmend von den Aufgaben im Weimarer Staatsdienst belastet wurde. Quandt verklärte die Vorstellung vom freien Troubadour vollends und setzte mit dieser Darstellung des Königs als gütigem Förderer sicher auch dem eigenen Mäzenatentum ein Denkmal – wenn auch nur für seine Zeitgenossen.

In seiner Rede zur Grundsteinlegung des Turms hatte er nämlich sinniert: „Mag auch das Gebäude, das wir heute begründen nach Jahrhunderten als altersmüde Trümmer in sich zusammensinken, und in den Fensterhöhlen der ungesellige Nachtvogel horsten, endlich kein Stein mehr auf dem anderen stehen; ein anderes Geschlecht wird leben, andere Baue aufführen, und sich wieder des Daseins erfreun."

Quandt, ganz dem Geist der Romantik verpflichtet, wollte nicht für die Ewigkeit schaffen. Doch seine Vision vom ewigen Werden und Vergehen hat sich zum Glück nicht erfüllt: Das Belvedere, das sich heute im Besitz der Gemeinde Dürrröhrsdorf befindet, krönt noch immer die Schöne Höhe. In den achtziger Jahren tatsächlich wegen Baufälligkeit geschlossen, wurde es ab 1991 in mehreren Abschnitten saniert. Im Jahr 2000 konnten mit Unterstützung der Deutschen Stiftung Denkmalschutz schließlich auch die Fresken restauriert werden. Und so dürfen wir Nachgeborenen uns nicht nur unseres Daseins, sondern auch weiterhin dieser frühen Goethe-Verehrungsstätte erfreuen, die darüber hinaus einen stilvollen Rahmen für Trauungen und Konzerte abgibt.

# Adelsspäße aus dem 17. Jahrhundert

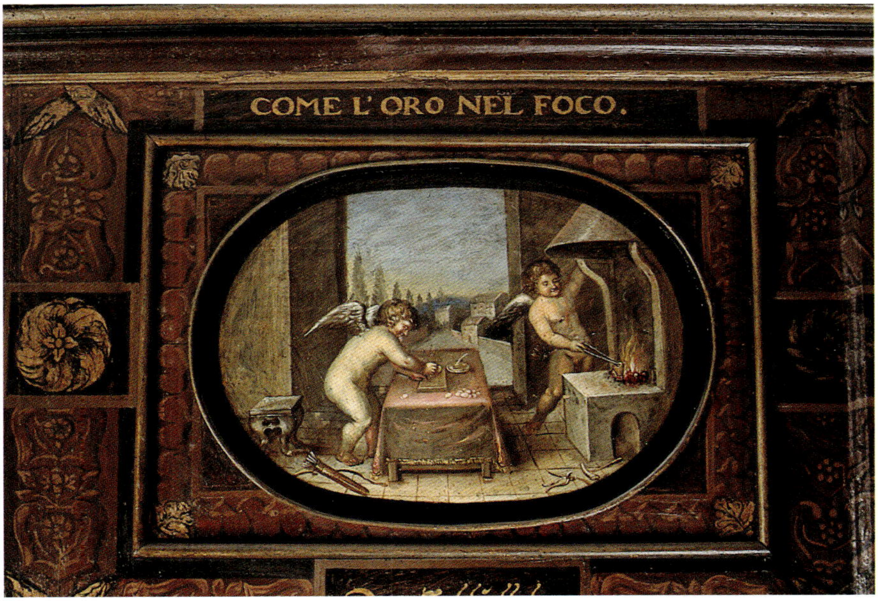


*Die Themen der meisten Embleme in der Bunten Kammer drehen sich um Liebe, Freundschaft und Politik.*

Das kleine barocke Bild öffnet uns den Blick in eine Werkstatt mit sonderlichem Treiben: Da untersucht ein geflügelter Putto ein Goldstück, während ein weiterer eine Goldmünze ins Feuer hält. „Come l'oro nel foco" ist die Szene überschrieben: Wie das Gold im Feuer. Daß die Liebe sich erst erweisen muß, wollen die beiden Amoretten wohl aussagen.

Die Gäste, denen Friedrich Christian Kielmann von Kielmannseck (1639 bis 1714) dieses und weitere 174 Miniaturgemälde auf seinem Landsitz bei Eckernförde vorführte, mögen noch andere Deutungen gefunden haben. Denn der Hausherr unterhielt seine Festgesellschaften nicht nur durch erlesene Speisen oder musikalische Einlagen – die adeligen Damen und Herren sollten ganz nebenbei auch Embleme entschlüsseln. Ein anspruchsvoller Zeitvertreib, der in den höfischen Salons des 17. Jahrhunderts keineswegs ungewöhnlich war.

Friedrich Christian von Kielmannseck war ein universell gebildeter und sprachgewandter Mann, der am Hof der Herzöge von Schleswig-Holstein-Gottorf eine ansehnliche Karriere gemacht und 1665 in den alten Holsteiner Adel eingeheiratet hatte. Im Jahr 1672 erwarb er das Gut Kohöved, heute Ludwigsburg, in der Landschaft Schwansen

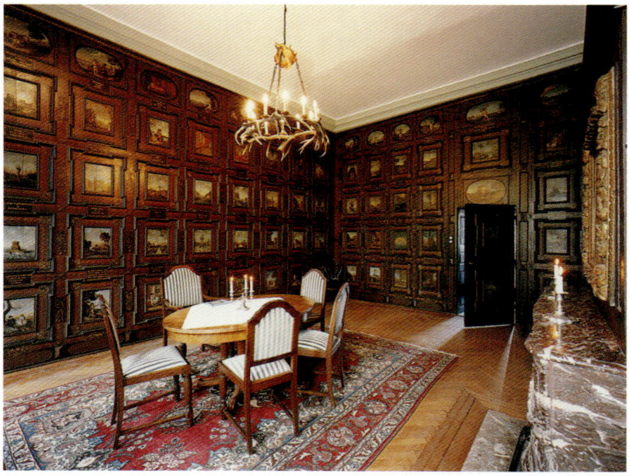

*Ein herausragendes Beispiel barocker Raumkunst: Die Täfelung der Bunten Kammer stammt aus dem Jahr 1673.*

und gestaltete es zu seinem Hauptwohnsitz um. Zu einem Raumkunstwerk der besonderen Art geriet dabei der Festsaal. Er erhielt eine wandhohe Vertäfelung aus Eichenholz, in die eckige oder ovale Ölgemälde integriert wurden. Jedem Bild ist ein Motto zugeordnet: Neben deutschen finden sich auch lateinische, niederländische, italienische, spanische und englische Sinnsprüche.

Dieses Muster entstammte der zeitgenössischen Emblematik – jene kunstvolle Kombination von Text und Bild gehörte vom 16. bis zum 18. Jahrhundert bei den gebildeten Ständen zum Allgemeingut. Ein Emblem besteht aus einer allegorischen Darstellung und einem knappen Text – Lemma, Motto oder Inscriptio genannt –, der über dem Bild plaziert ist. Normalerweise gehört auch eine erläuternde Unterschrift – Epigramm oder Subscriptio – dazu. Die logische Verknüpfung dieser Elemente herzustellen, ist Aufgabe des Betrachters.

Der italienische Humanist Andrea Alciati hatte mit seinem 1521 in Mailand und 1531 in Augsburg erschienenen Werk „Emblematum liber“ die Vorlage für diese Kunstform geliefert, die dann für drei Jahrhunderte mehr oder weniger verbindlich blieb. Die Emblembücher Alciatis und seiner Nachfolger vermittelten universelle Gedanken oder Tugendlehren und dienten auch als Vorlage für Kunsthandwerker. So fanden sich die verschlüsselten Lebensweisheiten etwa auf Mobiliar, Tapeten, Trinkbechern und Spielkarten oder in Kirchen und Klöstern.

Für die Embleme, mit denen Friedrich Christian seine Bunte Kammer ausschmückte, lassen sich über zwanzig verschiedene Werke als Quellen ausmachen – sämtlich im Besitz des äußerst belesenen Auftraggebers. Allerdings wurden die Vorlagen nicht einfach kopiert, sondern Bilder und Motti oft ganz neu kombiniert, womit der Anspruch humanistischer Gelehrsamkeit noch deutlicher zum Ausdruck kommt. Daß in Ludwigsburg nur wenige religiöse Embleme zu finden sind, dafür aber um so mehr um Liebe, Freundschaft oder Politik kreisende, liegt bei einem adeligen Gut nahe.

Dabei sind die Schwierigkeitsgrade der einzelnen Rätsel höchst unterschiedlich. Wenn ein Mann unter dem Motto „Tutius cedis quam caedis“ (Besser weichen als schlagen) aus der Küche einer zürnenden Frau flieht, liegt die Aussage auf der Hand. Bei dem „Ni aspicit non aspicitur“ (Sieht er einen nicht an, wird man nicht erblickt) betitelten Emblem sind die Interpretationsmöglichkeiten schon vielfältiger: In einer Studierstube steht eine Armillarsphäre auf einem Tisch, darüber hängt eine Karte der schleswigschen Ostseeküste an der Wand, durch das Fenster sieht man den nächtlichen Sternenhimmel.

Durch das astronomische Meßgerät, das die Himmelskugel abbildet, ist das

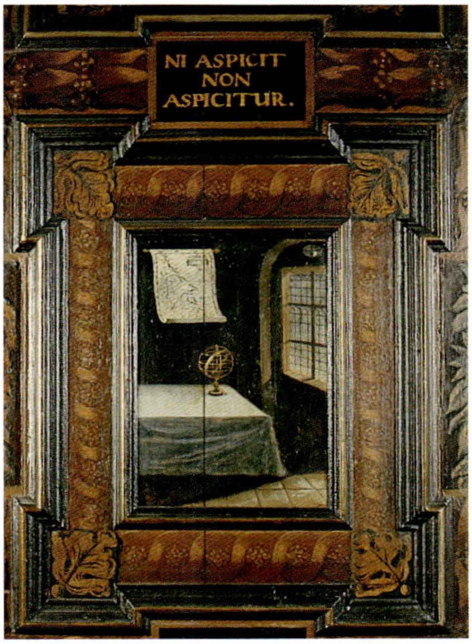


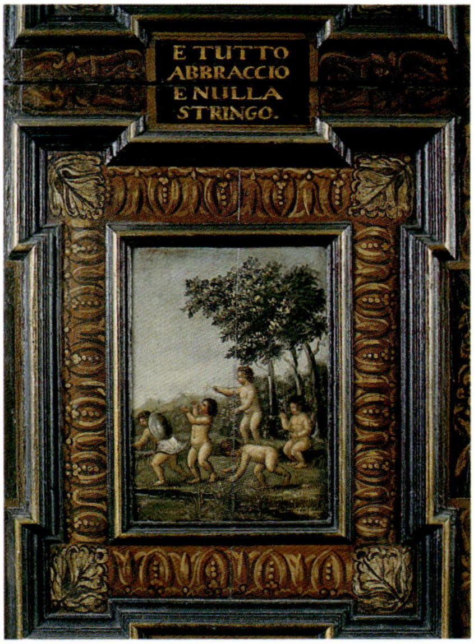


*„Sieht er einen nicht an, wird man nicht erblickt" und „Ich greife nach allem und halte nichts" bieten viele Möglichkeiten der Interpretation.*

Emblem sowohl religiös als auch weltlich zu deuten: Daß man es ohne Gottes Gnade nicht zu Ansehen bringt, wäre die eine Aussage. Das Verhältnis zwischen Himmel und Erde kann jedoch ebenso gut auf den Regenten und seine Untertanen bezogen werden. Darauf verweist nicht nur die Landkarte, sondern auch der Himmelsglobus, wurden am Gottorfer Hof doch astronomische Studien betrieben. Lokale Bezüge, Ansichten von Schloß Gottorf oder Kohöved selbst finden sich in mehreren Emblemen. Damit wollte Friedrich Christian seinen eigenen politischen Ambitionen und dem Anspruch auf eine führende Rolle selbstbewußt Ausdruck verleihen.

Allerdings nahm seine vielversprechende Karriere bereits 1676 ein schnelles Ende, als er beim dänischen Landesherrn in Ungnade fiel und für ein gutes Jahr in Kopenhagen inhaftiert wurde. Danach zog er sich von der politischen Bühne zurück und trennte sich 1690 schließlich auch von seinem Gut Kohöved. Das Herrenhaus wurde im frühen 18. Jahrhundert bis auf die Grundmauern abgebrochen und neu errichtet. Dabei übernahm der damalige Besitzer Friedrich Ludwig von Dehn, der das Gut später in Ludwigsburg umbenannte, die Täfelung der Bunten Kammer. Er verkleinerte den Raum jedoch erheblich, so daß die heutige Bunte Kammer nur noch 145 Embleme enthält. Weitere 25 Bilder finden sich in der Bibliothek, ein kleiner Teil ist verloren.

Die flächendeckende Denkaufgabe, die Friedrich Christian von Kielmannseck hinterlassen hat, fasziniert uns bis heute. Bei der spielerischen Suche nach Antworten auf ernste Fragen sind ein wacher Geist und die Kenntnis der einschlägigen Emblembücher allerdings nicht die einzigen Voraussetzungen: Bei einer Wandhöhe von 3,80 Metern sollte man auch nicht kurzsichtig sein.

# Die ganze Welt in Kunst gewandelt

Eigentlich hatte „Nike" recht: Laut maunzend stand sie im Wohnzimmer, empört über die fremden Menschen, die sich dort in ihrem Heim umschauten. Mit hochaufgerichtetem Schwanz machte sie durch die Küche ins Freie kehrt. Die betagte Katze gehörte der Bildhauerin Jutta Bossard, die 1996 mit 93 Jahren in ihrem Haus bei Jesteburg, südlich von Hamburg am Rande des Naturschutzparks Lüneburger Heide, verstarb. Ein Jahr zuvor war ihr sehnlichster Wunsch in Erfüllung gegangen: Im Angedenken an ihren Mann, den Künstler Johann Michael Bossard, konnte sie für ihr gemeinsames Anwesen die Stiftung „Kunststätte Johann und Jutta Bossard" gründen.

*Blick in den Kunsttempel mit einer Lichtinstallation*

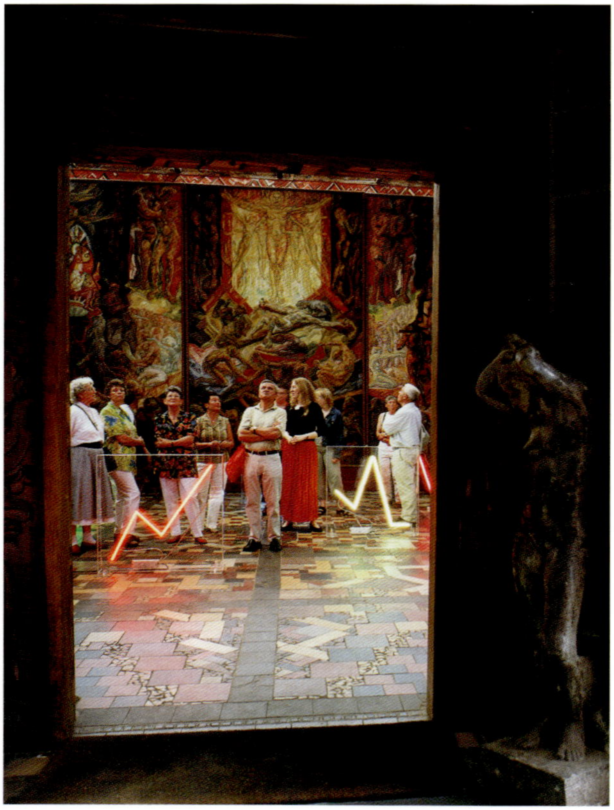

Das Heim des Künstlerehepaars, in dem „Nike" noch bis vor Kurzem als letztes Familienmitglied lebte, ist in der Tat ein außergewöhnliches Fleckchen Erde. Abgelegen in der Stille eines Waldes schufen die Bossards zwischen 1912 und 1950 auf einem drei Hektar großen Grundstück ein einmaliges Gesamtkunstwerk. In ihm spiegelt sich in unmittelbarer Weise der Zeitgeist des frühen 20. Jahrhunderts. Damals sagte sich die Avantgarde von den Konventionen des Großbürgertums los, indem sie Leben und Kunst zu reformieren suchte. Sie kreierte neue Lebensentwürfe, die alle Facetten des Daseins einbezogen: Nicht nur Kunst, Musik, Dichtung und Architektur, sondern auch Natur und Nahrung sowie die Alltagskultur bis hin zur Kleidung sollten neu gestaltet werden. Das Gesamtkunstwerk zu erschaffen, errichtet auf theosophisch-anthroposophischer Anschauung, danach trachtete eine ganze Generation von Künstlern. Die „Lebensreformbewegung" brachte so manche Stätte hervor, in denen sich Kunst und Leben begegneten. Die bekanntesten sind wohl die Künstlerkolonie Mathildenhöhe in Darmstadt und die Künstlerkolonie in Worpswede.

In der Ruhe der Lüneburger Heide gelang Johann Michael Bossard, wovon viele träumten: Kaum von der kulturhungrigen Kunstwelt beachtet, setzte er seinen Lebensentwurf in die Wirklichkeit um, schuf er seine Lebensvision. In der stillen, lauschigen Waldrandlage erwarb er 1912 das Heidegrundstück und entwarf die Pläne für sein Wohn- und Atelierhaus sowie für den Kunsttempel, der den Heidewanderern eine Stätte der „Andacht" sein sollte. Kunsthistorisch betrachtet, ist das Ensemble in seiner Form einmalig. Allein der Kunsttempel, den Bossard 1926 bauen ließ, kann mit expressionistischen Meisterwerken wie etwa der Böttcherstraße in Bremen oder dem Chilehaus in Hamburg durchaus in einem Atemzug genannt werden.

Der 1874 in der Schweiz geborene Johann Michael Bossard war Bildhauer, Maler und Graphiker aus Leidenschaft. Nach einer Lehre zum Kachelofenbauer und einem über Stipendien finanzierten Kunststudium in München und Berlin erhielt er 1907 eine Stelle als Professor für Bildhauerei an der Staatlichen Kunstgewerbeschule in Hamburg, die er bis zu seiner Pensionierung 1944 innehatte. Zu seinen Schülern zählte auch die 29 Jahre jüngere Jutta Krull. 1926 heiratete er seine Schülerin. Jutta Krull-Bossard machte sein Lebenswerk auch zu dem ihren.

Bossard nahm bis 1912 verschiedene öffentliche Aufträge an: So stammt zum Beispiel in Berlin-Treptow der Fassadenschmuck am Rathaus von ihm, in Hamburg gestaltete er unter anderem das Ziffernblatt am Börsenturm und den Figurenschmuck am Völkerkundemuseum.

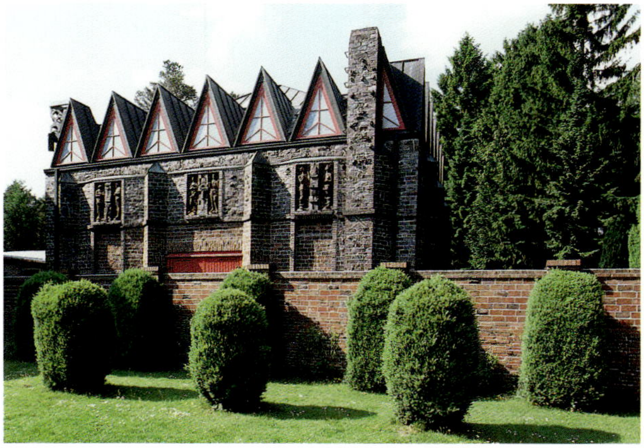

*Expressionistische Backsteinfassade des 1926 errichteten „Kunsttempels"*

Durch einen seiner Auftraggeber lernte er die Lüneburger Heide kennen, die Ruhe in ihrer schöpferischen Weite. Südlich von Jesteburg, zurückgezogen vom alltäglichen Tumult der industrialisierten Großstadt, begann er seine Vorstellung von einem Gesamtkunstwerk aus Architektur, Bildhauerei, Malerei, Kunstgewerbe und Gartenkunst sowie Musik und Dichtung zu verwirklichen.

Er richtete sein Haus nach Süden zur Heide hin aus und ließ es im Heimatstil aus Backstein mit dem typisch tief heruntergezogenen Dach erbauen. Den Park gestaltete er hingebungsvoll mit einzelnen Kunst- und Nutzinseln, wobei er Blickachsen und Geraden vermied. Im Einklang mit der vielfältigen Natur sollte seine Kunststätte ein harmonisches Ganzes werden.

Jeder Raum und jedes Möbelstück im Haus ist nach eigenen Entwürfen künstlerisch mit Malereien, Plastiken, Keramiken, Teppichen und Geschirr ausgestaltet. Wo das Auge hinschaut, entdeckt es Unerwartetes, und erst nach und nach erschließt sich die Komplexität dieses Kunstwerks – ob

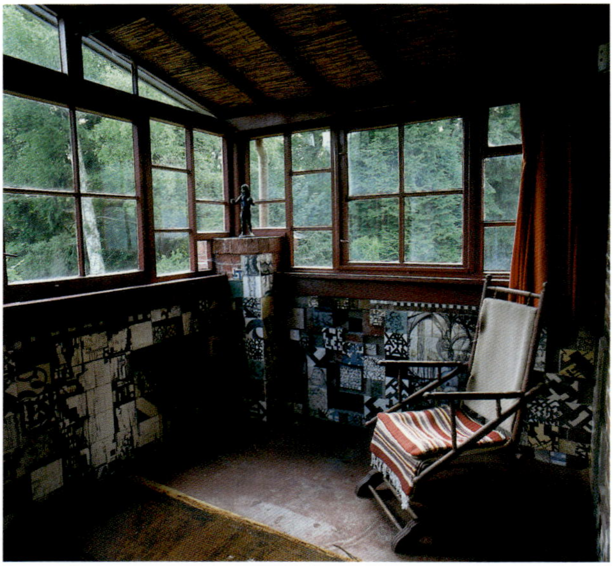

*Auf dem verglasten Balkon mit den bemalten Fliesen hielten sich die Bossards besonders gerne auf.*

Pflanzen oder Skulpturen, sie alle tragen organisch zur Gestaltung bei.

Thematisch kreisten Bossards Gedanken um die Weltenschöpfung, um den Lebenskreislauf, um Körper- und Geisteskraft, um menschliches Handeln und Wandeln, um die Gegensätze von Aufgang und Untergang. Die Mythologie des Nordens hat seine Kunst stark geprägt, sie war ihm eine Quelle der Inspiration, die nie versiegte.

Johann Michael Bossard war ein sehr zurückhaltender Mensch, der sich ungern in Gesellschaft aufhielt. Sein introvertiertes Wesen wurde zudem durch eine Behinderung verstärkt: Als Elfjähriger erblindete er auf dem rechten Auge, was ihm wohl Zeit seines Lebens schwer zu schaffen machte. Seine Kunst war ihm das Lebenselixier, vermarktet sehen wollte er sie nicht. So blieb er nicht nur in Hamburgs Gesellschaft unauffällig, auch die kunsthistorische Forschung hat ihn bis heute noch nicht richtig entdeckt.

Mit dem Alter wurde Bossard zunehmend lichtempfindlicher. Er bevorzugte in der Malerei immer häufiger ein tiefes Blau und ein sattes Dunkelrot. Die Fenster des Kunsttempels, des Edda-Saals und sogar die seines letzten Ateliers versah er mit Glasmalereien, um die Räume in ein diffuses Licht zu tauchen. In den Wohnräumen hingegen sollte der Ausblick in die Natur frei bleiben, dort sind die Sprossenfenster klar, aber klein gehalten.

Bossards lebten ihre Kunst. Zugleich war ihr Haus ein sehr gastfreundlicher Ort. Verwandte und Freunde waren bei dem Künstlerehepaar gern und oft gesehene Gäste, die dort zwischen Kunst, Hühnern, Schafen, Hunden und Katzen ein naturverbundenes und ungezwungenes Leben führen konnten. Besonders für die Kinder war es in den Sommermonaten wie im Paradies. Den gesamten Haushalt führte von 1929 bis 1979 Wilma Krull,

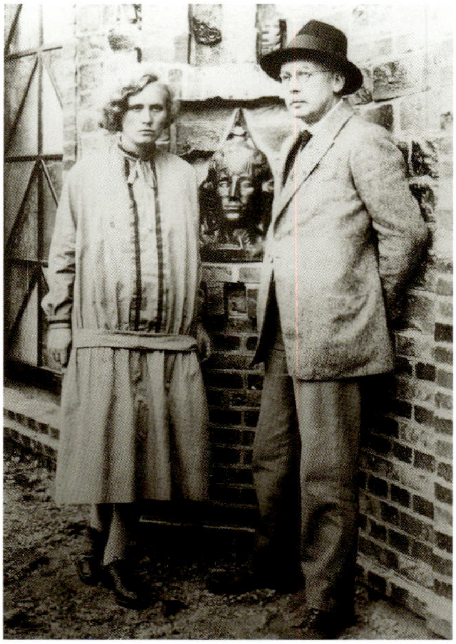

*Jutta und Johann Bossard, 1926*

eines von fünf Geschwistern der Künstlerin, die von ihr sagte: „Wilma ist das Beste, das ich in meine Ehe eingebracht habe."

Nach dem Tode Bossards 1950 lag seiner Frau Jutta sehr daran, das umfangreiche Lebenswerk ihres menschenscheuen Mannes, das über 7 000 Kunstwerke umfaßt, bekannt zu machen. Sie, die Kontaktfreudige, die Energische, hatte ihm oftmals nahegelegt, mehr die Öffentlichkeit zu suchen. Johann Michael Bossard aber war nicht umzustimmen. So antwortete er ihr einmal: „Die Meinen werden mich schon finden."

Die Kunststätte Bossard arbeitet mit Elan weiter daran, das außergewöhnliche expressionistische Kunstwerk bekannt zu machen und zu bewahren. Sie bietet mit Kunstkursen – besonders für Kinder –, Führungen, Lesungen, Theateraufführungen sowie Wechselausstellungen ein abwechslungsreiches Programm an.

Die Besucher der Kunststätte waren Katze „Nike" sogar ganz lieb, sofern sie ihr nicht zu nahe kamen: Sie ruhte gern schlafentspannt auf dem alten Gartenstuhl von Jutta Bossard und blinzelte auf die Welt, die auch für sie erschaffen wurde.

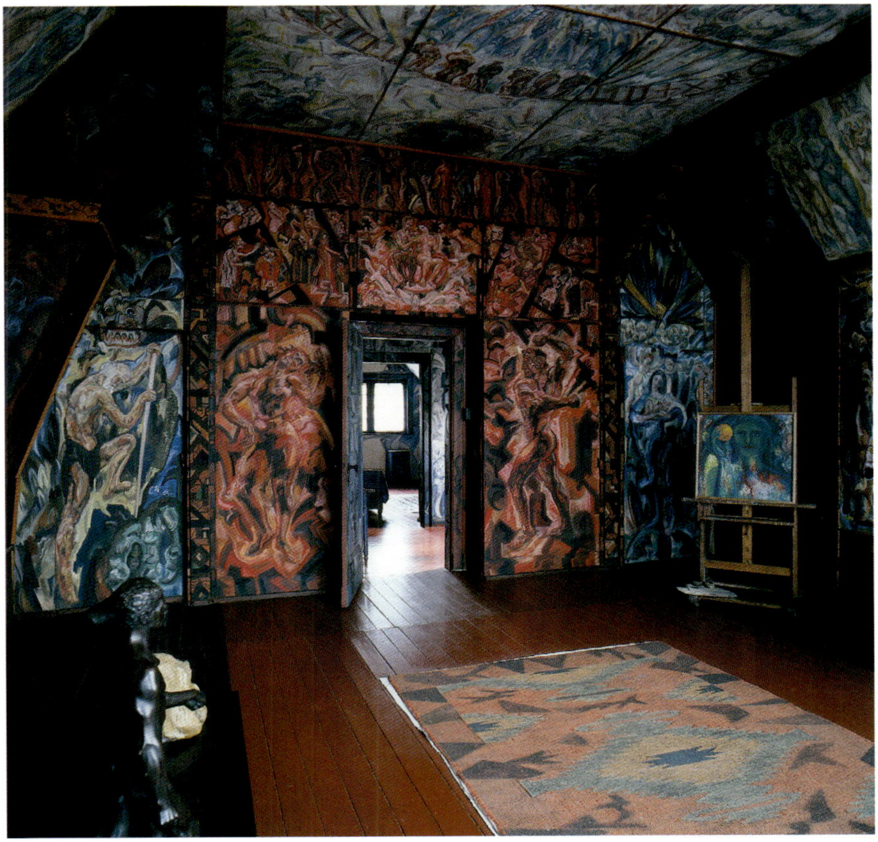

*Der Erossaal, das Atelier von Johann Michael Bossard. Auch der Teppich wurde vom Künstler gestaltet.*

# Feiern in der Ziehharmonika

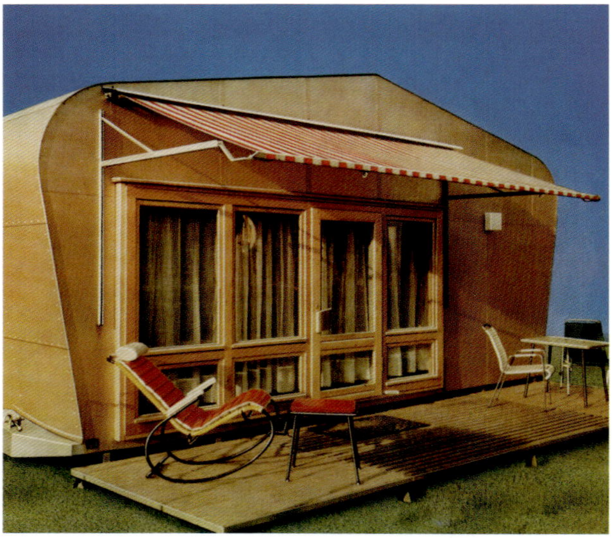

*Bilder aus dem Werbeprospekt des VEB Metallbau Boizenburg*

Die Idee von einem Gebäude, das gleichzeitig als Eisdiele, als Postamt, als Hotel, als Turbinenhaus, Pumpstation, Lichtspielhaus, Dorfbad oder gar als Kirche genutzt werden kann, klingt utopisch.

Dennoch wurde sie in der DDR Realität. 1959 stellte Helmut Both die ersten Entwürfe für die „Transportable Raumerweiterungshalle“ vor, die 1966 – nach einer Weiterentwicklung durch seinen Sohn Klaus – in Serienproduktion ging. Vom Prinzip her einfach, dabei aber äußerst praktisch in ihrer Flexibilität, wurde die Ziehharmonikahalle schnell bekannt. Die „Variant“, wie man sie auch nannte, wurde bis 1989 fast 3 500 mal gebaut.

*Der Clou der REH: Zusammengeschoben und auf Räder gesetzt ist sie ohne Probleme transportabel.*

In der ganzen DDR gehörte die eigenwillige Frontsilhouette mit ihrem abgerundeten Dachfuß und den nach innen geneigten Außenwänden zum alltäglichen Leben. Denn oft wurde sie – wie im Prospekt auch vorgeschlagen – als „Verkaufsraum für Neubaustadtgebiete“ eingesetzt. Beim Bau der Siedlungen hatten viele „Variant“-Hallen zuvor als Bauarbeiterunterkunft gedient. Auch über die Landesgrenzen hinaus erlangte sie Bekanntheit: Bei den Leipziger Frühjahrsmessen wurde sie regelmäßig als „HO-Kaufhalle“ präsentiert. Oft waren in ihr auch Intershop-Läden und Autobahnraststätten untergebracht.

Das Prinzip der REH (Raumerweiterungshalle) ist das eines Teleskops: Mehrere Module, Tunnel genannt, werden je nach Bedarf aneinandergesetzt. Maximal acht Tunnel bilden die Höchstlänge von 16 Metern und etwa 128 Quadratmeter Grundfläche. Ohne größeren Aufwand können zwei Hallen zusammengestellt werden, was einen Wurm von etwa 32 Metern Gesamtlänge ergibt! Zusam-

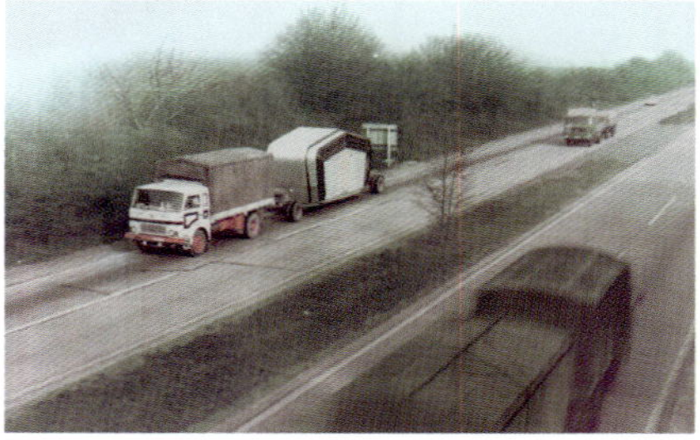

mengeschoben ist ein Transport der Halle kein Problem, denn der Grundrahmen des ersten Tunnels, eine Stahlkonstruktion, die im aufgebauten Zustand als Fundament dient, verwandelt sich zum Fahrgestell. Zum Aufstellen einer 16 Meter langen Halle benötigen sechs Personen unter normalen Bedingungen, ohne weitere Hilfsgeräte, rund sechs Stunden, so sagt zumindest der Prospekt.

Das Angebot der Auslieferungsmodelle vergrößerte sich im Laufe der Jahre. Es konnten geordert werden: die 5-Tunnel-Universalhalle inklusive „Naßteil" mit zwei Toiletten und zwei Waschbecken sowie Miniküche, die 16-Tunnel-Kaufhalle, der 2-Tunnel-Einfamilienbungalow oder der 2-Tunnel-Zweifamilienbungalow mit zwei Wohn-Schlafräumen, einer kleinen Küche und einem Flur. Die Qualität der Materialien ließ dagegen immer mehr nach. Die ersten Baureihen glänzten golden oder silbern in eloxiertem Aluminiumblech, später konnte nur noch gewelltes Stahlblech verwendet werden.

Heute gibt es von den Ziehharmonikahallen nur noch eine Handvoll, darunter eine aufgebaute in Brandenburg an der Havel. So leicht sie zu errichten sind, so leicht sind sie eben auch zu entsorgen. Der „Verein zur Dokumentation der DDR-Alltagskultur", dem auch Klaus Both angehört, ist daran interessiert, die noch vorhandenen Hallen zu erhalten. In der Oberbaum-City in Berlin-Friedrichshain wird eine Halle mit großem Erfolg als Verkaufsladen für DDR-Konsumgüter genutzt. Hier wird sozusagen Denkmalpflege in ihrer reinsten Form praktiziert. Die Halle in Brandenburg ist 2003 als technisches Denkmal unter Schutz gestellt worden.

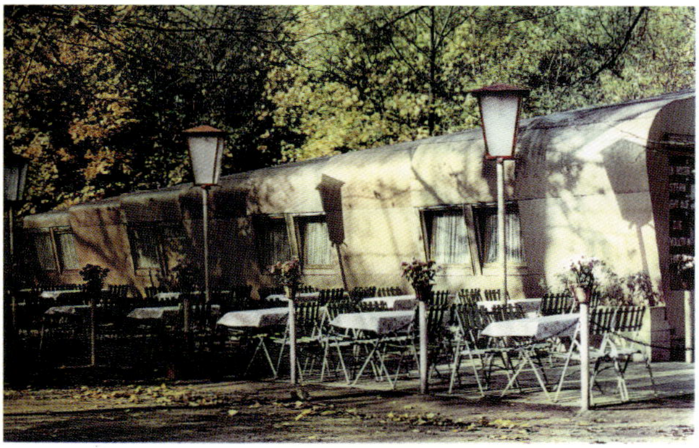

Ihr Besitzer Henry Langer versucht bislang vergeblich, eine angemessene Nutzung für sie zu finden.

Übrigens: 1972 wurde der von Helmut Both 1944 gegründete Betrieb in einen volkseigenen Betrieb zwangsumgewandelt. In der fast unveränderten Neuauflage des Prospekts über die REH, diesmal herausgegeben vom VEB Metallbau Boizenburg, später auch Kombinat Fertigelemente, wird die Nutzungsmöglichkeit als Kirchenraum nicht mehr erwähnt. Dafür sah man nunmehr keinen weiteren Bedarf. Die Realität hatte die Utopie eingeholt.

*Eine der vielfältigen Nutzungsmöglichkeiten: Die REH als Ausflugslokal (Bild oben und unten)*

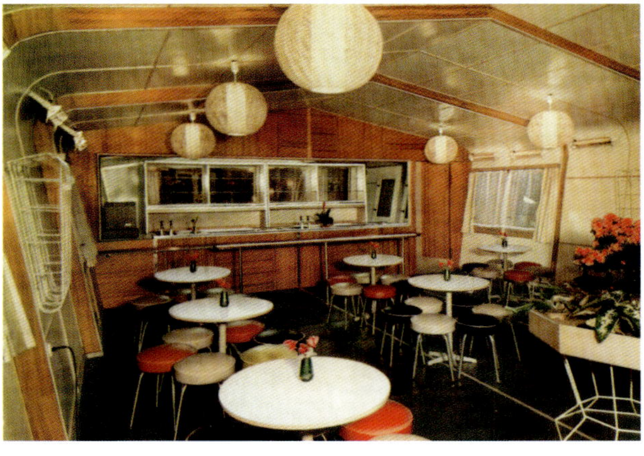

# Die Holzorgie von Lemgo

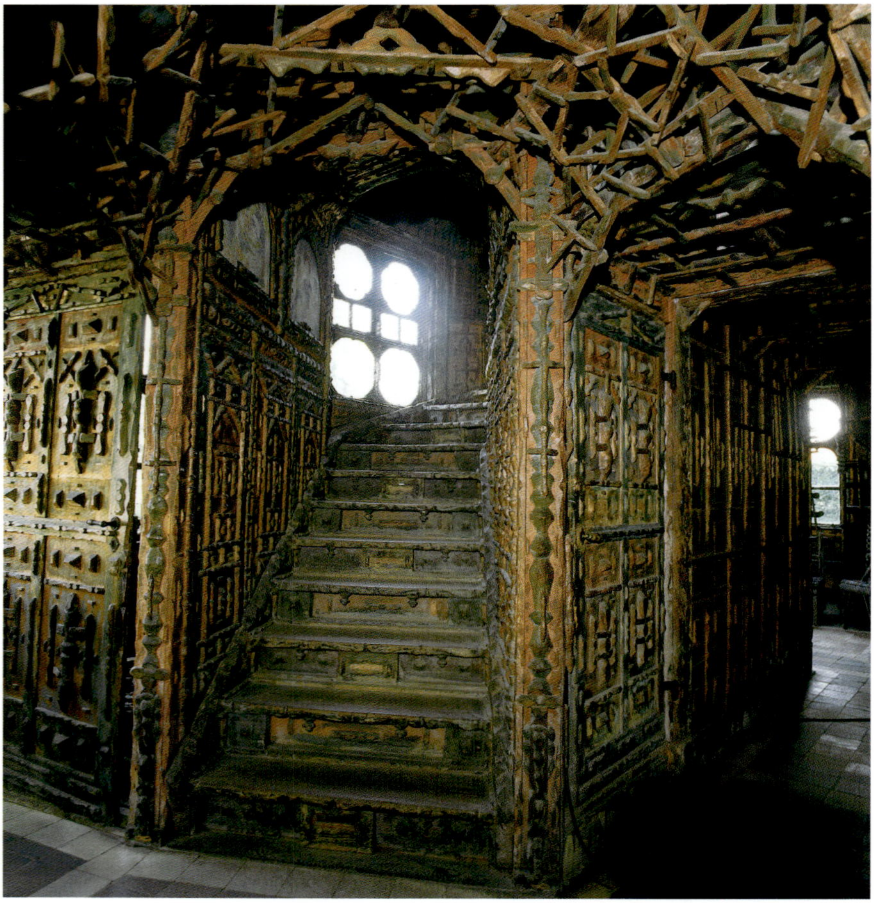

*Vestibül mit Treppenaufgang: Schnitzwerk, wohin das Auge blickt*

Er hatte eine Vision. Vielleicht waren es auch mehrere. Und er brauchte viel Holz, um sie Gestalt werden zu lassen. Karl Junker (1850–1912) war ein ungewöhnlicher Künstler. So ungewöhnlich, daß er lange Zeit als Sonderling, ja sogar als Geisteskranker abgetan, sein Werk als „Fall" betrachtet wurde. Zugetragen hat sich der vermeintliche Fall im beschaulichen Städtchen Lemgo im lippischen Bergland.

Der Architekturmaler, wie Karl Junker sich selbst nannte, hat sich

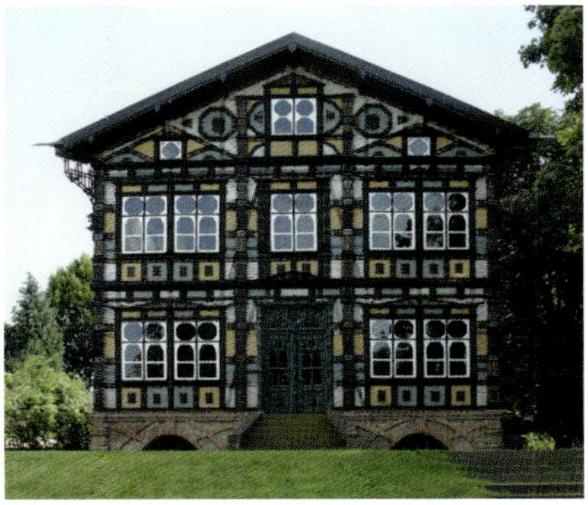

*Die Fassade des Hauses wurde umfassend restauriert.*

dort ab 1889 ein Haus gebaut, das seinesgleichen sucht. Der dreigeschossige Fachwerkbau, der sich über einem Backsteinsockel erhebt, ist innen und außen mit Schnitzwerk übersät, das jegliche stilistische Einordnung verweigert. Handarbeit, bei der kein Detail dem anderen gleicht und an dessen Ausführung – neben Junker selbst – der Lemgoer Zimmermeister Heinrich Schirnecker maßgeblich beteiligt war.

Die biographischen Quellen zu Junker sind spärlich – um so phantastischer gediehen die zahlreichen Legenden, die sich um sein Leben und Wirken ranken.

Geboren wurde er in Lemgo, seine Eltern hat er früh verloren. Nach einer Tischlerlehre in seiner Heimatstadt und kurzer Wanderschaft schrieb er sich 1875 an der Münchener Akademie der Bildenden Künste ein, 1877/78 ist ein Italienaufenthalt bezeugt. 1889 stellte Karl Junker, der durch eine Erbschaft vermögend gewesen sein muß, in Lemgo den Bauantrag für ein Wohnhaus. Zwei Jahre später zog er in das Haus ein, das er bis zu seinem Tod bewohnt hat.

Das ungewöhnliche Objekt gab reichlich Anlaß zur Mythenbildung: Daß es sich bei dem Haus um das „Denkmal einer unglücklichen Liebe“ gehandelt haben soll, wollte ein Schild im Garten lange Zeit glauben machen. Eine Indienreise sollte die Quelle der Inspiration gewesen sein, und selbst vor der Bezeichnung „Gespensterhaus“ war der Bau nicht gefeit.

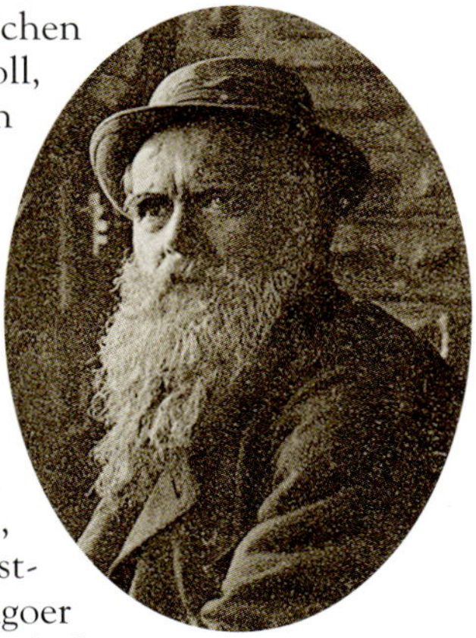

*Karl Junker, um 1900*

Und wirklich – man traut seinen Augen kaum, wenn das Haus, das östlich des historischen Lemgoer Stadtkerns liegt, hinter den hohen Bäumen auftaucht. Die knorpeligen Schnitzereien, die die Fassade überziehen, wirken fremd, und doch erinnern die Grundformen an Vertrautes – etwa an den bauplastischen Schmuck der Weserrenaissance, der einem in Lemgo auf Schritt und Tritt begegnet.

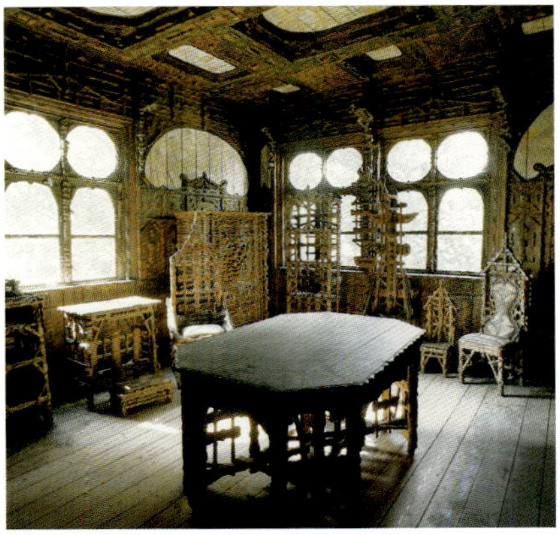

*Blick ins Eßzimmer*

Der Eindruck setzt sich im Inneren fort, wo kein Eckchen dem unbedingten Gestaltungswillen Junkers entging. Das alles überziehende Dekor, das filigrane Gitterwerk im Treppenhaus muten exotisch an; zugleich gibt es bodenständige Elemente, die vom Heimatstil beeinflußt scheinen. Die rauschende Orgie aus Holz, die Junker hier feierte, wird lediglich an einigen

Stellen unterbrochen durch Medaillons mit Malereien, die schwer zu deutende Szenen mit biblischen und mythologischen Anklängen zeigen.

Die Möbel sind ebenfalls überbordend geschmückt, aber erstaunlich funktional konzipiert. Auch sie hat Junker selbst entworfen und so eine Einheit von Kunst und Kunsthandwerk geschaffen, wie sie in England gerade im Zuge der „Arts and Crafts"-Bewegung um William Morris propagiert wurde.

Was den Besucher beim Rundgang erwartet, ist anrührend: Das Haus, das der Junggeselle bis zu seinem Tod allein bewohnte, war für eine mehrköpfige Familie eingerichtet. Neben dem großen Himmelbett im Schlafzimmer steht eine Wiege, im Eßzimmer gibt es ein Kinderstühlchen, und selbst auf der Toilette ist ein kleiner Nachtstuhl zu bestaunen.

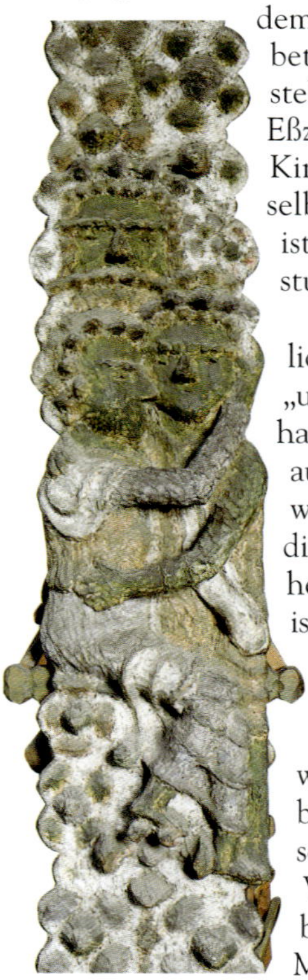

*Stele mit Liebespaar*

War dies tatsächlich Ausdruck einer „unerfüllten Liebe", hat Junker wirklich auf eine Familie gewartet, die einmal in dieses Haus einziehen sollte? Plausibler ist die Lesart, die in dem ungewöhnlichen Bau ein Musterhaus sehen will und in den Möbeln Prototypen für schöneres, besseres Wohnen – eine Lebensreform in Holz. Möglicherweise hat

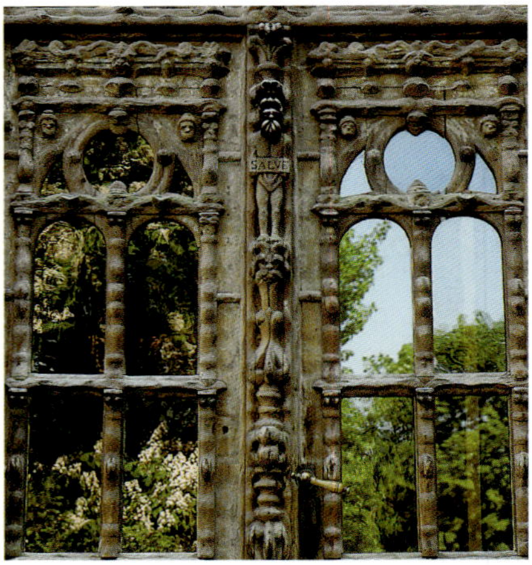

*Detail der Eingangstür*

Junker in diesen „Vorzeigeräumen" gar nicht selbst gelebt, sondern sich in die kleinen Kammern im Dachgeschoß zurückgezogen und dort seiner Vision nachgehangen, die Einheit von Kunst und Leben zu erwirken. Schon zu Junkers Lebzeiten war das Haus eine Art privates Museum. Für 20 Pfennige führte der Künstler sein Werk interessierten Besuchern vor.

Die Denkmalpflege tat sich lange Zeit schwer mit der skurrilen Hinterlassenschaft. Erst 1991 stellte sie das Junkerhaus, seit 1960 in städtischem Besitz, unter Schutz. Mittlerweile wurde es umfassend saniert und ist seit 2004 durch einen modernen Museumsanbau neu erschlossen. Der Nachlaß Junkers, der neben Möbeln und plastischen Werken immerhin fast 900 Skizzen und Gemälde umfaßt, kann hier in wechselnden Austellungen präsentiert werden.

In einen größeren Zusammenhang gestellt, läßt sich das Junkerhaus weitaus besser würdigen – als überspanntes Machwerk eines Sonderlings ist es lange genug belächelt worden.

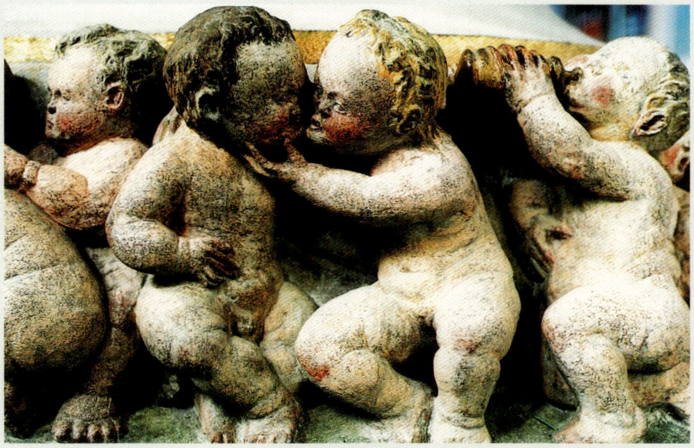

# Von kleinen Geschöpfen und großen Instrumenten

Gotteshäuser bergen nicht nur mit ihrer baulichen Hülle, sondern auch mit ihrem Inventar Tausende Geschichten. Manch überraschendes Ausstattungsstück findet sich hier unter den kunstvollen Taufbecken, Kanzeln, Leuchtern und Skulpturen. Einige Details erschließen sich allerdings erst beim zweiten Hinsehen: So entdeckt man an einer Kanzel eine kleine Sanduhr. Die Dauer einer Predigt sollte damit gemessen und dem Geistlichen angezeigt werden. Die riesige astronomische Uhr dagegen dient nur auf den ersten Blick der Zeitmessung, sie versinnbildlicht vielmehr das gottgegebene Gefüge. Daß das Engelsorchester im Hohen Chor zu Freiberg auf den Instrumenten, die die Putti in ihren Händen halten, auch tatsächlich hätte musizieren können, ergaben erst neuere Untersuchungen.

# Andacht vor dem Fatschenkindl

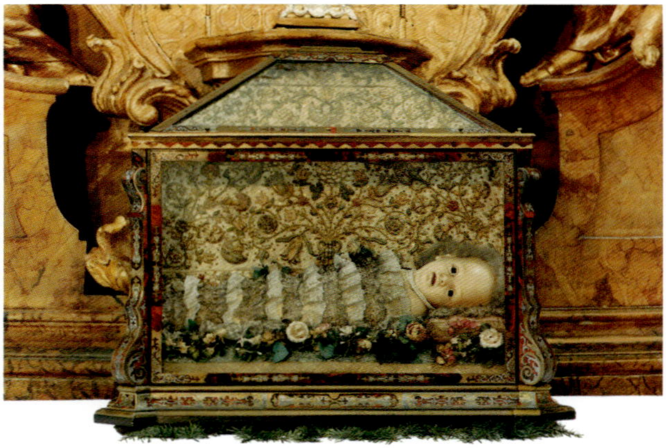

*Glasschrein mit dem barocken Fatschenkindl (um 1750) im Marienmünster von Dießen am Ammersee*

Fest eingeschnürt an einem Haken in der Bauernstube zu hängen – das war in früheren Jahrhunderten kein drastischer Einzelfall, sondern für viele Säuglinge völlig normal. Die Mutter konnte derweil der Feldarbeit nachgehen und mußte nicht befürchten, daß die Tiere dem unbeaufsichtigten Kind Schaden zufügen.

Die Sitte, Babys mit Stoffbändern straff zu umwickeln, zog sich durch alle Schichten und hatte einen vermeintlich gesundheitlichen Hintergrund. In seinem Traktat zur Geburtshilfe schrieb François Mauriceau 1668: „Das Kind muß gewickelt werden, damit sein kleiner Körper die gerade Gestalt annimmt, die für den Menschen die geziemendste und schicklichste ist, und damit es daran gewöhnt wird, sich auf seinen beiden Beinen zu halten; denn ohne diese Maßnahme würde es sich auf allen vieren bewegen wie die meisten anderen Tiere." Die seit der Antike geläufige Auffassung, nur so könne man krumme Glieder verhindern, hielt sich in ländlichen Gegenden sogar bis ins 20. Jahrhundert hinein.

Normalerweise wurden die Arme mit eingewickelt, so daß nur das mit einer Haube versehene Köpfchen aus dem Paket herausschaute. Für dessen Fixierung sorgte bei Neugeborenen zudem ein Steckkissen. Ob arm oder reich – die starren Panzer unterschieden sich lediglich durch das Material: In der einfachen Version waren Windeln und Bänder aus Hanf, in der besseren aus Leinen und Wolle. Wurde es gar luxuriös, verbarg man das Wickelgebilde unter Seide und Spitze.

Warum sollte es dem kleinen Jesuskind anders ergangen sein? Seit dem Mittelalter nahm dessen Verehrung zunehmend realistische Formen an, und so entsprachen die Darstellungen des Gottessohnes in der Krippe den Gepflogenheiten, nach denen

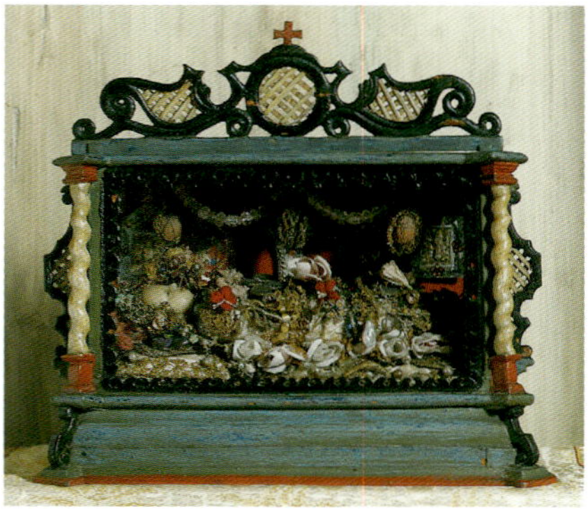

*Spätbarockes Christkind im Heimatmuseum von Garmisch-Partenkirchen*

auch weltliche Wickelkinder gepflegt und gebettet wurden.

Ein besonders anrührendes Beispiel für ein solches Andachtsbild ist das sogenannte Fatschenkindl, das in der barocken Volkskunst der Alpenregionen geprägt wurde und eine lebendige Tradition hat: Von den Schultern an ragt ein kleiner wächserner Kopf, meist mit blonden Löckchen, aus einer prächtig verzierten Stoffrolle.

Nicht nur der Heiligenschein, auch die kostbaren Stickereien, Spitzen, Schleifen, Stoffblumen, Perlen oder Glassteinchen zeigen an, daß hier keinem gewöhnlichen Säugling gehuldigt werden soll. Das „gefatschte" Jesuskind – der Name kommt vom lateinischen fascia (Binde) – ruht in einem ebenso kunstvoll verzierten Schrein aus Holz und Glas.

Bis heute werden in bayerischen Kirchen zur Weihnachtszeit Fatschenkindl auf den Altären aufgestellt. Ihren Ursprung haben sie in den Klöstern: Viele Nonnen erhielten beim Eintritt in den Orden ein solches Wickelkind, das sie dann mit dem Schmuck versahen, der ihnen selbst verwehrt war. Die Bezeichnung als „Seelentrösterlein" macht deutlich, daß die Wachspuppen nicht zuletzt über die auferlegte Kinderlosigkeit hinweghelfen sollten. Sicher haben auch die Kind-Jesu-Visionen mystischer Frauenfrömmigkeit auf diese Art der Darstellung Einfluß genommen.

Das kleine Jesuskind in Windeln hat aber nicht nur Einzug in karge Klosterzellen, sondern gleichfalls in die privaten Wohnungen gehalten. Früher, als es prächtige Krippenfiguren nur in den Kirchen gab, konnte man sich das Christkind auf diese Weise zur Andacht ins eigene Heim holen. In meist schlichterer Ausführung hatten und haben die Kästchen ihren Platz in Stube und Wohnzimmer: im Herrgottswinkel, auf der Truhe, im Fenster oder unter dem Weihnachtsbaum. In vielen bayerischen Familien gehörte ein Fatschenkindl, ob im Schrein oder in einer Spanschachtel liegend, sogar mit zur Aussteuer.

Noch immer werden dort Fatschenkindl in Heimarbeit hergestellt, auch wenn das Jesuskind mittlerweile natürlich nicht mehr das getreue Abbild eines Windelbabys ist. Während die Allerkleinsten heute nach Herzenslust strampeln dürfen, liegt das Christkind weiterhin starr in seinem königlich-würdevollen Habit.

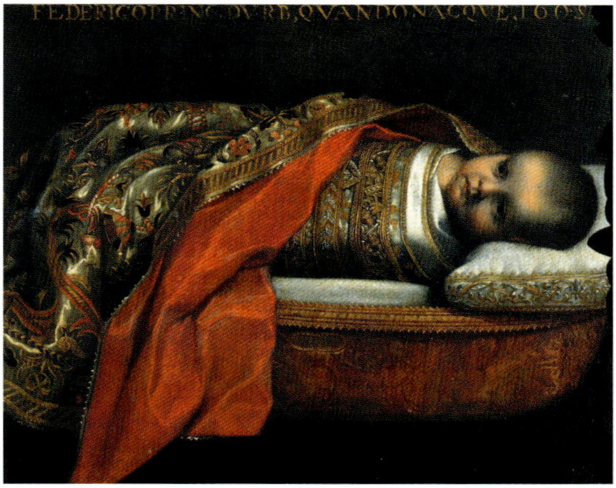

*Der fest gewickelte Herzog von Urbino, Gemälde von Federico Barrocci, 1605*

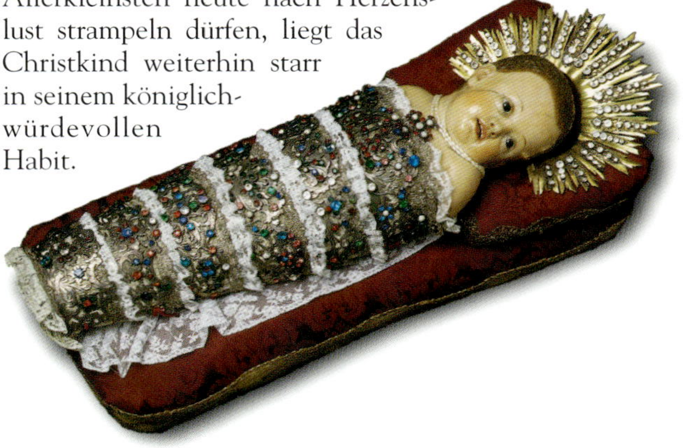

*Das Münchner Augustinerkindl wird seit dem 17. Jahrhundert verehrt und ist Vorbild vieler Fatschenkindl.*

# Wie sich die Stunde drehen lernte

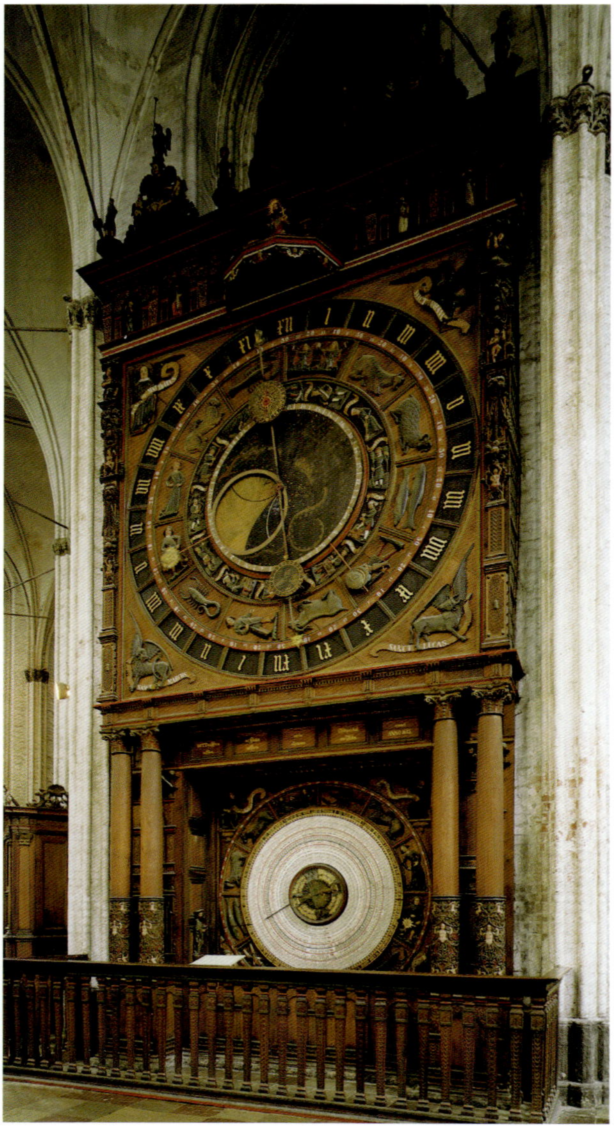

Sie hat alle Zeit der Welt. Die astronomische Uhr im Chorumgang von St. Marien zu Rostock zählt seit über einem halben Jahrtausend die Stunden, Tage und Jahre. Sie ist die einzige Uhr ihrer Art, die noch mit fast allen originalen Teilen funktioniert. Und diese verrichten ihren Dienst immerhin seit 1472.

Zu Beginn des 14. Jahrhunderts kamen die ersten Räderuhren mit mechanischer Hemmung auf, die Vorläufer unserer heutigen Uhren. Gegen Ende des Jahrhunderts verfügte bereits jede größere Stadt über eine große Uhr, die zudem mit einem Schlagwerk ausgestattet war. Schließlich besaß damals noch nicht jedermann einen handlichen Zeitmesser, und der weithin hörbare Stundenschlag war Teil des öffentlichen Lebens.

Was uns heute selbstverständlich ist – gleichlange Stunden – war eine Neuerung, die erst um 1300 eingeführt wurde. Vorher hatten die Stunden unterschiedliche Längen, die sich nach der jeweiligen Dauer von Tag und Nacht richteten. Astronomische Uhren, die ebenfalls seit dem frühen 14. Jahrhundert belegt sind, konnten darüber hinaus das Datum, die Mondphasen und andere periodisch wiederkehrende Ereignisse und Daten anzeigen.

Das Prinzip der astronomischen Uhr besteht darin, die Drehbewegung des Sternenhimmels aus der Sicht der Erde nachzuvollziehen. An ihr kann man ablesen, was ein Tag eigentlich bedeu-

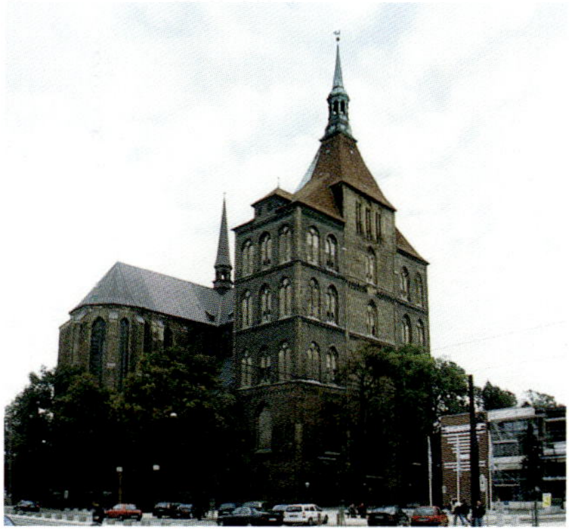

*St. Marien in Rostock – trutzige Hauptpfarrkirche der Stadt*

tet: nämlich, daß sich die Erde einmal um ihre Achse dreht. Und daran änderte auch das heliozentrische Weltbild des Nikolaus Kopernikus (1473–1543) nichts.

Die astronomischen Uhren waren vor allem im Ostseeraum verbreitet. Auch in der Hansestadt Rostock, die im 14. und 15. Jahrhundert ihre Blütezeit erlebte, gab es bereits seit 1379 eine solche Uhr in der Hauptpfarrkirche St. Marien. 1472 wurde sie entweder um- oder neu gebaut. Mit einem Ablaß von 40 Tagen warb Bischof Werner von Schwerin um Spenden für die Ausstattung der Uhr.

1419 war die Rostocker Universität gegründet worden, die immer in enger Verbindung mit St. Marien stand. Die Astronomie, eine der sieben „Freien Künste“, war also in der Hansestadt zu Hause und konnte die wissenschaftlichen Grundlagen für das handwerkliche Kunststück liefern. In den Jahren 1641 bis 1643 wurde die Uhr umfassend instandgesetzt und erweitert. Dabei erhielt sie auch das prunkvolle Gehäuse in den Formen der Spätrenaissance.

Die astronomische Uhr von Rostock besteht aus zwei Teilen: Der obere ist der Zeitmessung gewidmet, der untere hat kalendarische Funktion. Das Zeitzifferblatt ist stattliche 16 Quadratmeter groß. Hier lassen sich die Stunden, der Stand von Sonne und Mond im Tierkreis sowie die jeweilige Mondphase ablesen.

Der äußere Stundenring wurde mit römischen Ziffern in spätgotischen Minuskeln versehen. Die Rostocker Uhr verfügt nur über einen Stundenzeiger – Minutenzeiger sind erst seit dem 17. Jahrhundert geläufig. An beiden Enden des Zeigers sind jeweils zwei schwerkraftbetriebene Scheiben befestigt. Bei der einen handelt es sich um eine kleine „Uhr auf der Uhr“, die andere ist eine astrologische Planetenuhr.

Das Zentrum nimmt die Sonnenscheibe ein, die sich einmal im Jahr gegen den Uhrzeigersinn dreht. Ihre kreisrunde Öffnung gibt den Blick frei auf die darunterliegende Mondphasenscheibe: So lugt bei Vollmond ein strahlendes Gesicht hervor, bei Neu-

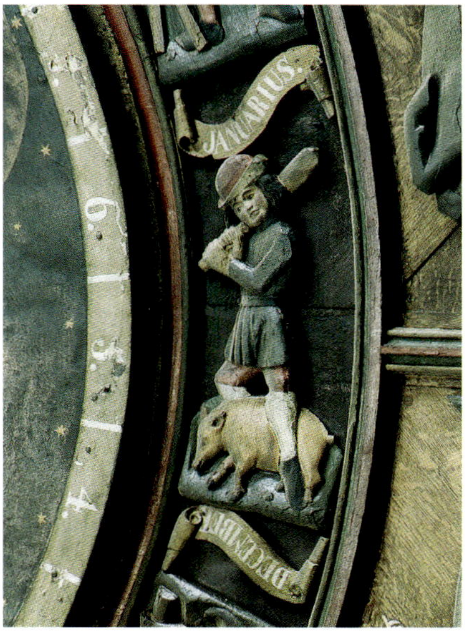


*Monatsbild auf dem Zifferblatt: Im Dezember wurden Schweine geschlachtet.*

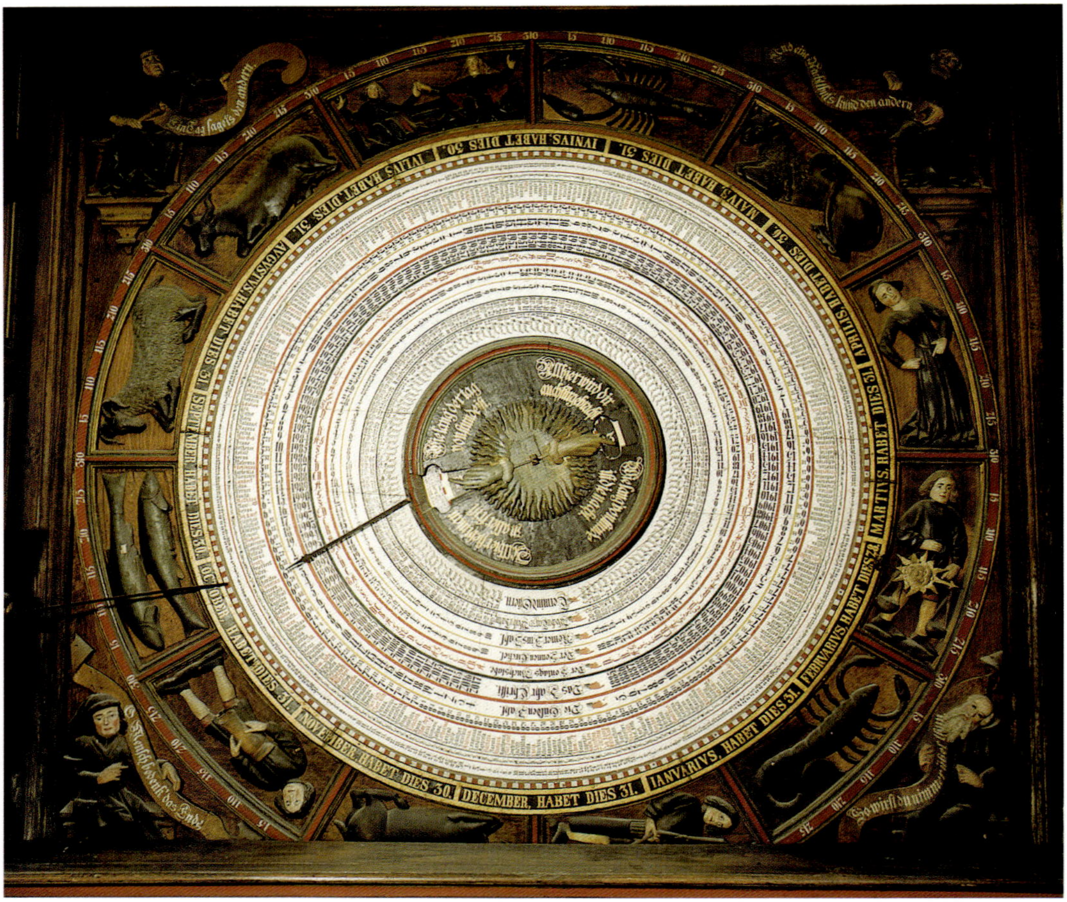


*Das Kalendarium der Uhr wird umrahmt von den Tierkreiszeichen.*

mond ein dunkles. An den Rändern der beiden Scheiben ist jeweils ein kleiner Zeiger befestigt: Mond und Sonne weisen auf den Stand der beiden Gestirne im Tierkreis hin. Dessen Zeichen, die aus dem antiken in den christlichen Bildkanon übergegangen waren, werden gegen den Uhrzeigersinn gelesen.

Dazwischen liegt der Ring der Monatsbilder. Die spätantiken Allegorien wurden im Mittelalter zu für den jeweiligen Monat typischen Bildern des bäuerlichen Lebens entwickelt: So wird im Mai gesät, im August Korn gedroschen und im November Holz gehackt.

Im Sockelgeschoß der Rostocker Uhr ist, wie bei den meisten astronomischen Uhren des Ostseeraums, zurückversetzt das Kalendarium angebracht. Die große Kalenderscheibe vollführt im Lauf eines Jahres eine Umdrehung. In ihrem Zentrum ist die barocke Tag-Nacht-Scheibe installiert: Sie gibt die jeweilige Stundenzahl der Tageszeiten an.

Die Kalenderscheibe, die von einem weiteren Tierkreisring eingefaßt

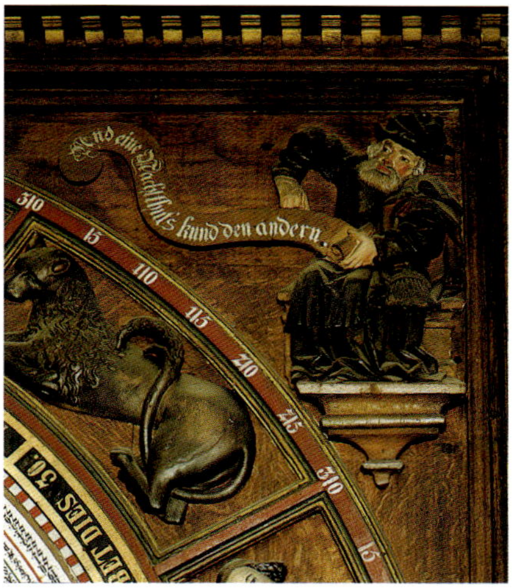

*Die vier Gelehrten in den Zwickeln des Kalendariums halten Spruchbänder mit Losungen zum Verlauf der Zeit.*

wird, zeigt auf 15 Ringen die verschiedensten Daten an: den Zeitpunkt des Sonnenaufgangs, das aktuelle Sternzeichen, Namenstage oder den jährlichen Termin für das Osterfest, nach dem sich alle anderen beweglichen Feiertage richten. Sie gelten natürlich nur für einen begrenzten Zeitraum, danach muß die Scheibe neu beschriftet werden. Das aktuelle Kalendarium reicht noch bis ins Jahr 2017.

Das Innere der astronomischen Uhr von St. Marien ist eine Welt für sich: Allein das Hauptwerk, das den großen Stundenzeiger und die zentrale Sonnenscheibe in Bewegung setzt, besteht aus neun Zahnrädern. Vier der insgesamt fünf Uhrwerke müssen immer noch täglich per Hand aufgezogen werden.

Mit dem großen Umbau im Dreißigjährigen Krieg, der ihr den prächtigen Aufsatz bescherte, kam noch mehr Leben in die Uhr. Zu jeder vollen Stunde erklingt das Glockenspiel; zur Mittagsstunde und um Mitternacht wird der barocke Figurenumlauf in Bewegung gesetzt. Zwei Türen öffnen sich, und sechs Apostel ziehen an Christus vorbei, der die Hand zum Segen hebt. Nur der letzten Figur wird er verweigert – Judas muß die nächsten zwölf Stunden vor verschlossener Tür stehen bleiben.

Die astronomische Uhr von St. Marien war keineswegs nur zur Zeitbestimmung errichtet worden. Vielmehr sollte sie gleichzeitig das gottgegebene Gefüge des Universums versinnbildlichen.

Ihre Räder dürfen sich auch nach 2017 getrost weiterdrehen. Das neue Kalenderblatt, das von 2018 an weitere 133 Jahre Gültigkeit haben wird, ist bereits berechnet. Einmal nach alter, überlieferter Methode – und ein zweites Mal mit einer modernen Methode, für die Rostocker Gymnasiasten Formeln entwickelt und dafür 2000 den Sonderpreis des Bundeskanzlers bei „Jugend forscht" erhalten haben: per Computer. Alles zu seiner Zeit.

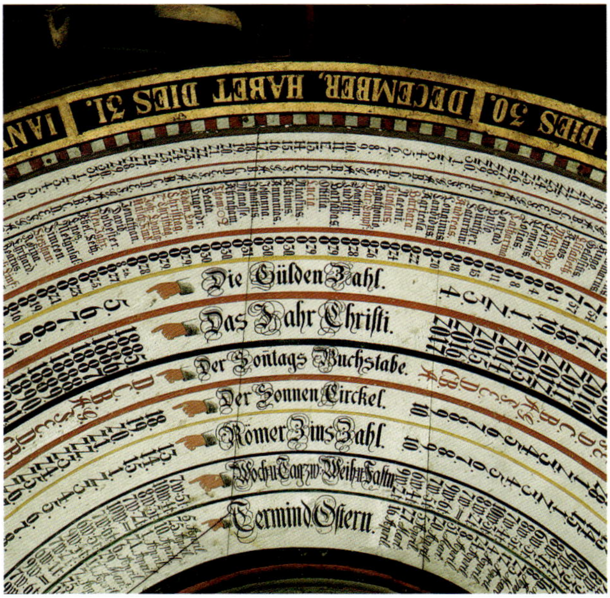


*„Zeit ist Geld". Die „Römer-Zinszahl", ein Relikt aus römischer Kaiserzeit, bezeichnet einen Steuerturnus.*

# Die lustigen Kinder von Pirna

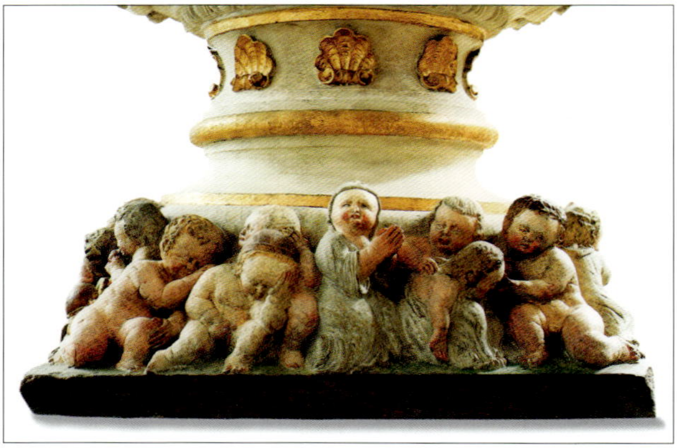

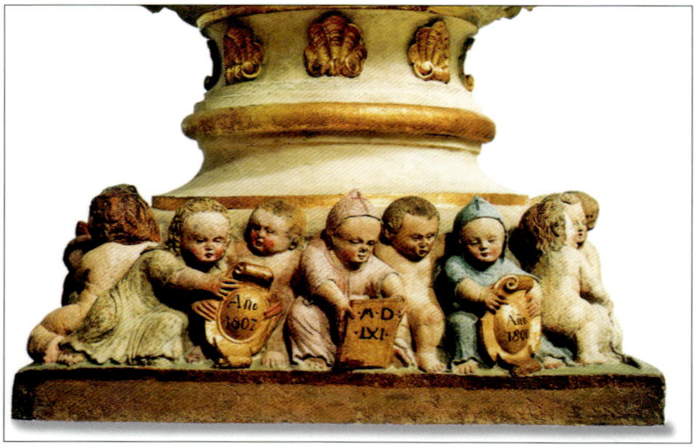

*Schon Goethe fiel der Taufstein auf, der seit 1561 in St. Marien steht.*

Der Geheime Rat Goethe muß in die Hocke gegangen sein, um das Schauspiel aus der Nähe bewundern zu können: Da sitzen kleine Kinder, die Brei löffeln, die sich necken und herzen, mit einem Hund spielen oder schlafen. Einige tragen Taufkleider, und auch ein betendes ist dabei, denn die kleine Gesellschaft aus Elbsandstein schmückt den Fuß eines Taufsteins.

1561 wurde er in der Pirnaer Stadtkirche St. Marien aufgestellt, 22 Jahre nach Vollendung des Gotteshauses. Der Fuß ist der einzig originale Teil der Renaissance-Taufe, die möglicherweise im Umkreis des Dresdner Bildhauers Hans Walther gefertigt wurde, der auch den Taufstein für die Jakobikirche in Freiberg geschaffen hat. Der heutige Aufsatz stammt aus dem Jahr 1890.

Im April 1813 schrieb Goethe von einer Reise nach Teplitz an seine Frau Christiane: „Um 1 Uhr fuhren wir auf vortrefflichem Weg und bei herrlichem Wetter nach Pirna. (...) Nach Tische besuchten wir den Dom, der ein merkwürdiges Gebäude ist. (...) Das Merkwürdigste aber war uns der Taufstein." Dann folgt eine Auflistung der einzelnen Figuren.

Insgesamt sind es 26 Kinder, die plastisch herausgearbeitet auf der quadratischen Sockelplatte sitzen. Ihr mal mehr und mal weniger munteres Treiben sollte wohl den kindlichen Tagesablauf schildern. Bis auf wenige Ausnahmen sind sie unbekleidet – die Nacktheit war ein typisches Merkmal, mit dem man auf die Unschuld der kindlichen Seele verweisen wollte.

Bis ins späte Mittelalter hinein waren Kinderdarstellungen nur in biblischem, mythologischem oder allegorischem Zusammenhang geläufig. Erst in der frühen Neuzeit schenkte man auch realen Kindern, ihren Lebensbedingungen und ihrer Erziehung Beachtung.

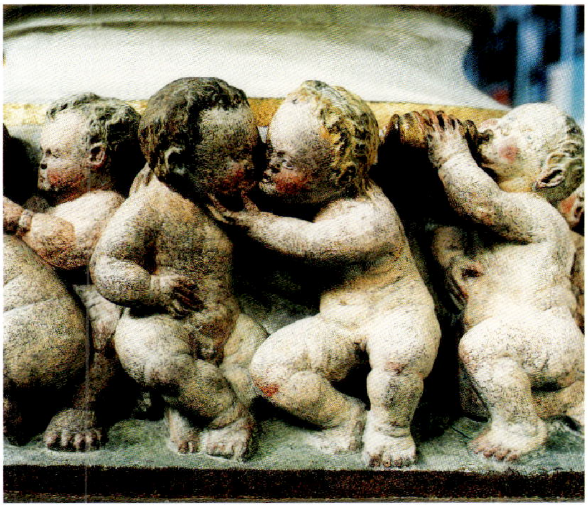

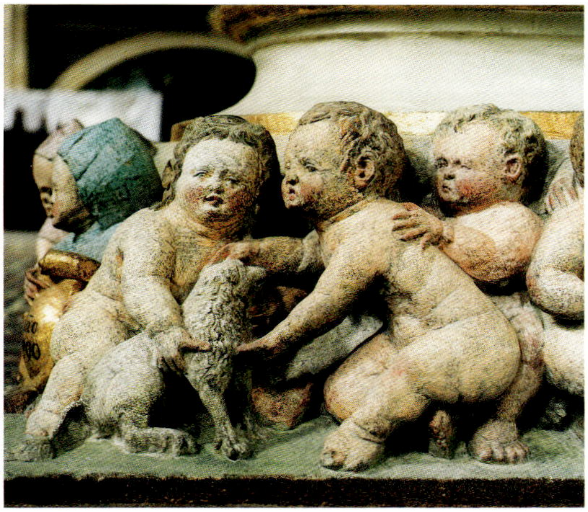

*Dralle Kinder mit rosigen Wangen bevölkern den Fuß des Taufsteins.*

Bartholomaeus Anglicus hatte bereits um 1230 in seiner Enzyklopädie, die über mehrere Jahrhunderte zu den meistverbreiteten Handbüchern gehörte, eine zeitlose Charakterisierung geliefert: „Kleine Kinder haben häufig ein schlechtes Benehmen. Sie leben nur den Augenblick und verschwenden keinen Gedanken an die Zukunft. Sie lieben Spiele und sinnlosen Zeitvertreib. (...) Kaum gewaschen, sind sie schon wieder schmutzig."

Noch vor wenigen Jahren sahen auch die Pirnaer Kinder wie kleine Dreckspatzen aus – allerdings lag dies an der Verschmutzung des Leimüberzugs. Doch mittlerweile konnte im Zuge der Sanierung des Chorraums von St. Marien auch der Taufstein restauriert werden. Dabei erneuerte man die Farbfassung aus dem Jahr 1890 – wiederum in Anlehnung an den ursprünglichen Zustand, für den eine solche belegt ist. Beim Puttenfries wurden kleinere Fehlstellen ergänzt, ein verlorener Kopf und ein Beinchen nachgeformt.

1802 hatte man den Taufstein in das nordöstliche Seitenschiff versetzt – jetzt hat er seinen originalen Standort zurückerhalten, und die Kinder tummeln sich wieder prominent in der Mitte des Chores. „Die Compositionen sind durchaus kunstgerecht, die einzelnen Stellungen allerliebst", hatte schon Goethe zu würdigen gewußt. Und so lautete sein abschließendes Urteil: „(...) was könnte man artiger thun, als die Kindheit um den Taufstein versammeln."

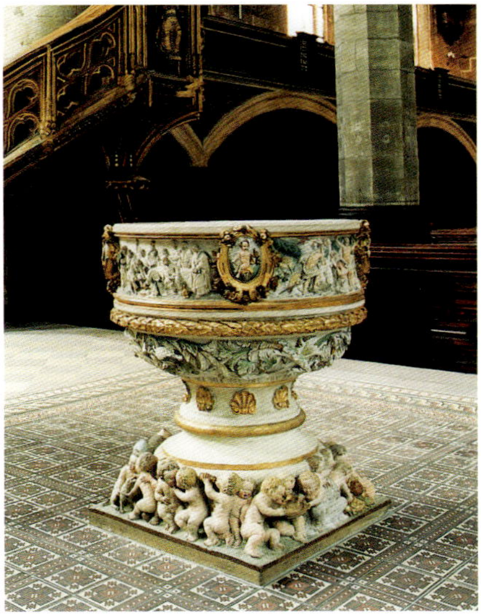

*Der ungewöhnliche Taufstein steht heute wieder in der Mitte des Chores.*

# Ein Schweinskopf für Weihnachten

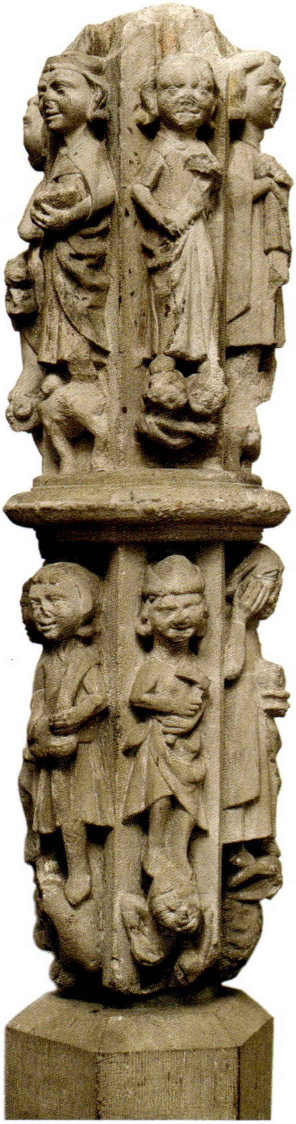

Heu im Juli und Korn im August – im unteren Saaletal wurde offenbar später geerntet als anderswo. In der Kirche St. Marien und St. Cyprian in Nienburg erzählt eine einzigartige Monatssäule vom ländlichen Leben im Mittelalter. Die ehemalige Benediktiner-Klosterkirche, die malerisch auf einer kleinen Anhöhe steht, stammt aus dem 13. Jahrhundert. Bereits seit 975 war die bedeutende Abtei in Nienburg ansässig. Nachdem die Anlage zweimal niedergebrannt war, wurde nach 1280 der heutige frühgotische Kirchenbau errichtet. Allerdings haben sich aus dem Mittelalter kaum Ausstattungsstücke erhalten – um so spektakulärer war im Jahr 1840 der Fund einer figürlich gestalteten Säule aus der Erbauungszeit der Kirche.

Personifikationen der zwölf Monate gaben ihr den Namen Monatssäule. Ein Schaftring teilt sie in zwei Hälften: Auf gleicher Höhe befinden sich jeweils sechs Einzelfiguren, die durch ein Attribut charakterisiert sind und auf den entsprechenden Tierkreiszeichen stehen. Auf dem oberen Ring sind die Sommermonate, darunter die Wintermonate angeordnet. Die Nienburger Figuren sind zum Teil stark beschädigt, lassen aber noch Reste von ursprünglicher Bemalung erahnen.

Die Tradition der Monatsdarstellungen reicht bis in die Spätantike zurück. Im Mittelalter fanden diese Allegorien Eingang in die kirchliche Monumentalkunst und waren besonders in der französischen Kathedralplastik des 12. Jahrhunderts verbreitet. Aber auch in Stundenbüchern wurde der Wandel der Jahreszeiten auf diese Weise veranschaulicht.

Dabei ordnete man dem jeweiligen Monat normalerweise eine für das bäuerliche Leben typische Szene zu, wobei man im Spätmittelalter mehr und mehr zu einer genrehaften Arbeitsdarstellung überging. Auch regionale Besonderheiten wurden berücksichtigt: So konnte die Weinlese dem August, dem September oder aber dem Oktober zugeordnet werden. Meist zeigte man Szenen aus der Landarbeit, doch fanden auch höfische Gebräuche Eingang in die Zyklen.

Auf der Nienburger Säule beginnt das Sommerhalbjahr mit dem März: Ein mit offenem Umhang bekleideter Mann hält einen Zweig mit großen Blättern in der Hand. Möglicherweise sollte damit das sprossende Grün des Frühlings angedeutet werden – in anderen Zyklen meist dem April vorbehalten.

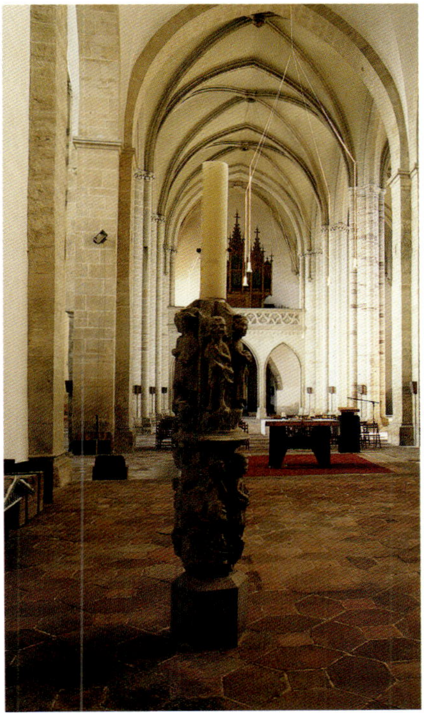

Der April trägt eine Schale mit Eiern oder Früchten, der Mai stellt – wie allgemein üblich – die Falkenjagd dar, und der Juni hält eine Blüte. Der Juli weist mit der Sense auf die Heuernte hin, die bei anderen Monatsdarstellungen in milderem Klima normalerweise dem Juni zugeordnet ist. Entsprechend ist die Kornernte, symbolisiert durch die Sichel, in Nienburg in den August verlegt.

Auf dem unteren Ring schließen sich die Wintermonate an, wobei September, Januar und Februar nicht mehr zu erkennen sind. Zu Beginn der kalten Jahreshälfte mußte man gut vorsorgen: Den Oktober symbolisiert, dem im 13. Jahrhundert gängigen Schema folgend, ein Sämann, und der November trägt eine Axt zum Holzfällen. Im Dezember wurden die Schweine geschlachtet, was in Nienburg bereits geschehen ist: Der Mann, der auf dem Steinbock steht, präsentiert den Schweinskopf in seiner linken Hand.

Welche Funktion die Nienburger Monatssäule ursprünglich hatte, ist nicht genau geklärt. Man nimmt aber an, daß sie als prunkvoller Osterleuchter diente. In der Osterliturgie kommt der Osterkerze eine zentrale Bedeutung zu. Bereits für die alte Kirche ist der Brauch bezeugt, ein Licht zu entzünden, das die Auferstehung Christi symbolisieren soll. Da Mitternacht als die Stunde der Auferstehung gilt, feierten schon die frühen Christen den Ostergottesdienst während der Nacht. Die dunkle Kirche wurde sodann von der geweihten Osterkerze effektvoll erhellt.

Auch im Magdeburger Dom befindet sich ein Osterleuchter aus der Zeit um 1170. Ansonsten sind die kunstvollen Leuchter in Form einer Säule vor allem aus Süditalien überliefert. Bei den zahlreichen italienischen Beispielen ist das Lebensbaummotiv als Allegorie des Kreuzes Christi am weitesten verbreitet.

Zwar ist kein zweiter Osterleuchter mit Monatsbildern bekannt – doch stellt der Wechsel der Jahreszeiten als Symbol für die Wiederkehr des Lebens ebenfalls ein geeignetes Thema dar. Ist Christus doch der Herrscher über die Zeit – und somit auch über den ganz alltäglichen Kreislauf von Säen, Ernten und Holzfällen.

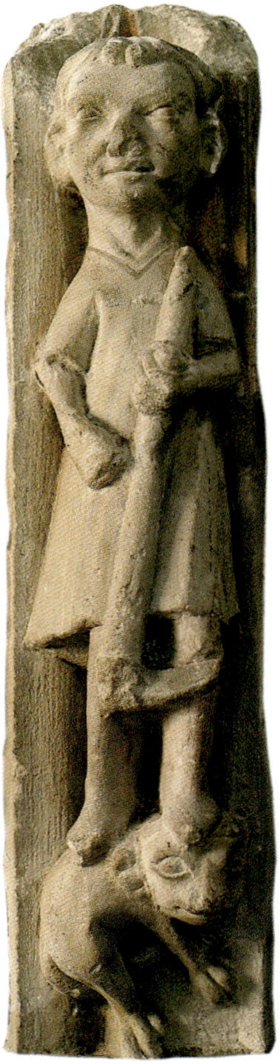

*Der Juli steht auf seinem Sternbild, dem Löwen, und hält die Sense für die Heuernte in der Hand.*

*Linke Seite: Man nimmt an, daß die Nienburger Monatssäule als Osterleuchter diente.*

# Die Engel hätten musizieren können

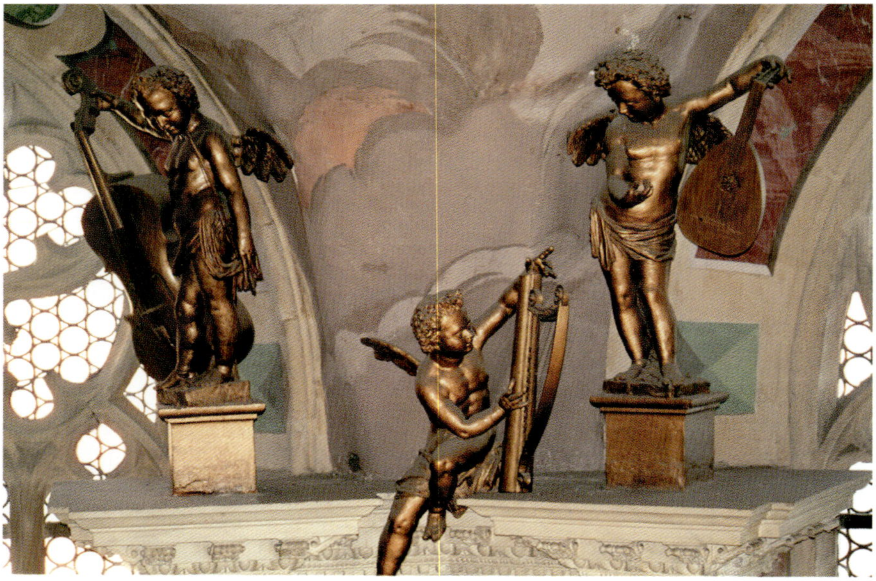

*In ihren Händen halten die Engel bespielbare Instrumente.*

Zum Lobe Gottes sollen sie spielen, aber auch zum Lobe des Hauses Wettin: die musizierenden Engel auf den Simsen unter der Decke der Begräbniskapelle im Dom St. Marien zu Freiberg in Sachsen. Hier im Hohen Chor fanden von 1541 bis 1694 die lutherischen Landesfürsten der albertinischen Linie ihre letzte Ruhestätte.

Und hier hat der aus Lugano stammende Künstler Giovanni Maria Nosseni (1544–1620) bis 1594 eine wirklich glanzvolle Inszenierung geschaffen. Im Vordergrund, in der Mitte des Vorchors, erhebt sich das Moritz-Monument, das Grabmal für den ersten albertinischen Kurfürsten. Er hatte die Kurwürde erhalten, nachdem er Kaiser Karl V. im Kampf gegen seinen ernestinischen Widersacher, Johann Friedrich den Großmütigen, unterstützt hatte. An den Wänden im unteren Bereich des Chores knien Fürstinnen und Fürsten vor dem Altar mit dem Gekreuzigten. Darüber der auferstandene Christus, umgeben von Tugenden, Propheten, Aposteln und Engeln. Die Wände sind aus verschiedenfarbigem Marmor, viele der Figuren – auch die Engel auf den Simsen – aus kupferfarbenem Stuck. Die gegossenen Bronzefiguren der Fürsten und Tugenden sind das Werk des Florentiners Carlo di Cesare.

Über allem spannt sich ein Leinwand-Himmel mit der wunderbar farbigen und plastischen Darstellung der

Wiederkunft Christi zum Jüngsten Gericht, umringt vom himmlischen Orchester der lobpreisenden Engel.

Die Restaurierung der Begräbniskapelle im Jahr 2002 war ein willkommener Anlaß, den Engeln die Instrumente aus den Händen zu nehmen und nach Leipzig ins Museum für Musikinstrumente der Universität zu bringen. Und dort machte man sich zunächst daran, eine Frage endgültig zu klären, die in den vergangenen Jahrhunderten kontrovers diskutiert wurde: Handelt es sich um gut gemachte Attrappen, oder hat Nosseni die himmlischen Musiker mit echten Instrumenten ausgestattet?

Während Richard Steche 1884 bereits von Echtheit sprach, relativierte Friedrich Ernst Müller dies in einer Studie von 1957. Obwohl er in den Violinen und Lauten Zettel mit den Namen der Instrumentenbauer Paul und Georg Klemm aus Randeck gefunden hatte, sprach er von meisterhaft nachgebildeten Attrappen. Er hielt es wegen dieser Erkenntnisse auch für unmöglich, „der Musikwissenschaft vielleicht neue Aufschlüsse vermitteln zu können".

Doch in den 1970er Jahren konnten Herbert Heyde und Peter Liersch die in zwölf Meter Höhe aufgestellten Engel erneut untersuchen, teilweise auch unter Zuhilfenahme eines Röntgengeräts. Dabei erkannten sie trotz der relativ dicken Schicht aus kupferfarbener Blattbronze und Alcydharzlack, daß es sich zumindest zum Teil um spielbare Originalinstrumente handelt. Damit gelang es ihnen auch, die erzgebirgische Instrumentenmachertradition – besonders die der Familien Klemm aus Randeck, einem kleinen Dorf bei Mulda südlich von Freiberg – weiter zu erforschen.

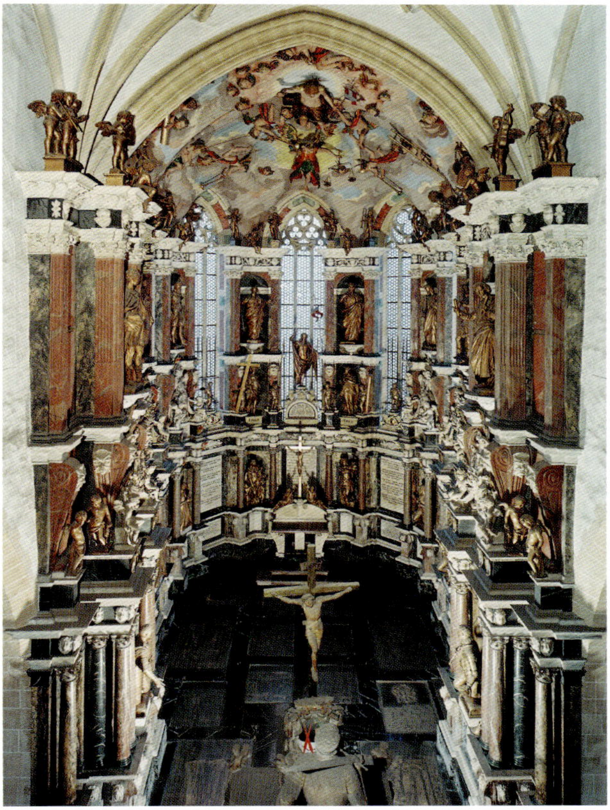

*Das Engelsorchester im Hohen Chor des Freiberger Doms*

In den Jahren 2002 bis 2005 wurden die Instrumente nun in Leipzig vermessen, geröntgt und auf jede erdenkliche Weise untersucht – ja man legte sie sogar im Zentrum für Radiologie in den Computertomographen, um ganz genau zu erfahren, wie sie vor mehr als 400 Jahren gebaut worden sind. Und die Musikwissenschaftler sind sich nun ganz sicher, daß man mit dem Freiberger Schatz einen weiteren Schlüssel zur Klangwelt der sächsischen Renaissance in den Händen hält.

Von den dreißig Instrumenten, die das Engelsorchester bilden, sind nämlich nur neun – allerdings originalgetreu nachgebaute – Attrappen, die übrigen

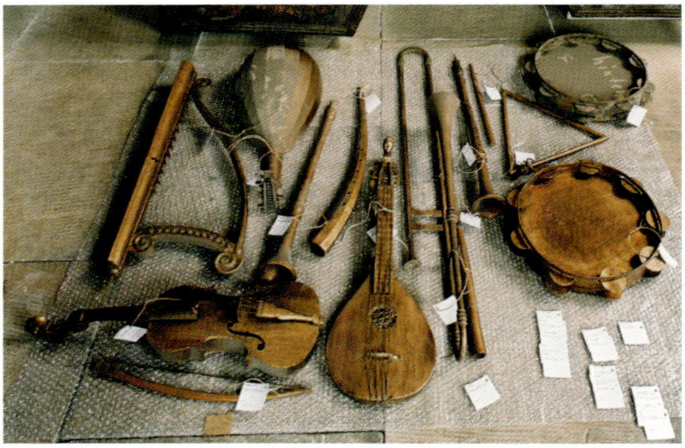

*Sorgfältig abgelegt warteten die Instrumente auf den Transport nach Leipzig, wo sie vermessen und untersucht wurden.*

21 aber ursprünglich spielbare Instrumente. Daß mit ihnen je musiziert wurde, ist nach Aussage des Leipziger Projektleiters Veit Heller aber nur in wenigen Fällen nachweisbar. Schließlich sind Griff- oder andere Gebrauchsspuren unter den Farbschichten nur sehr schwer zu erkennen.

Zum „Orchester" gehören fünf Streichinstrumente, und zwar eine Kleine Diskantgeige, eine Diskantgeige, eine größere Tenorgeige sowie zwei Baßgeigen. Damals gebräuchliche Zupfinstrumente – vier Lauten, vier Cistern und drei Harfen – stimmen in den Lobgesang ein. Als Blasinstrumente kommen dazu zwei Posaunen, drei Schalmeien, drei krumme und zwei gerade Zinken. Die Posaunen und die krummen Zinken sind ebenso meisterhaft in Holz gearbeitete Attrappen wie die beiden Schellentrommeln und die beiden Triangeln, die als Schlaginstrumente die Kapelle komplettieren.

An diesem großangelegten Forschungsvorhaben, das von der Ständigen Konferenz Mitteldeutsche Barockmusik und der Ostdeutschen Sparkassenstiftung gefördert wurde, waren deutschlandweit etwa vierzig Wissenschaftler verschiedenster Disziplinen beteiligt. Ziel war es vor allem, die Instrumente detailgenau nachzubauen, um so den Originalklang dieser Renaissanceinstrumente wieder in die Konzertsäle zu holen – gibt es doch derzeit nur ganz wenige erhaltene Instrumente aus dieser Zeit.

Alle Fragen, die mit der Instrumentenbauertradition im Erzgebirge, mit der Ausstattung der Begräbniskapelle, mit der Konstruktion der untersuchten Instrumente und mit ihrem erfolgreichen Nachbau zusammenhängen, wurden bereits 2003 auf einem Symposium im Kloster Michaelstein bei Blankenburg im Harz diskutiert.

Inzwischen ist man von den Klängen der Nachbauten begeistert. Offenbaren sie doch einen vollen, tragenden Ton und eine sehr gute Spielbarkeit. Seit 2004 finden Konzerte und CD-Aufnahmen mit geistlicher und weltlicher Musik statt, bei denen ausschließlich auf den nachgebauten Instrumenten gespielt wird. Ab 2007 wird man sie im Musikinstrumentenmuseum in den restaurierten Räumen des Leipziger Grassimuseums bewundern können.

Bei den originalen Instrumenten wurden indessen Wurmlöcher gestopft und das Holz gefestigt. Ende 2006 wird man sie wieder in die treuen Hände der Engelsschar im Freiberger Dom legen, damit diese die Fürsten – und natürlich die Besucher – auch in den nächsten Jahrzehnten mit ihrem himmlischen Spiel erfreuen können.

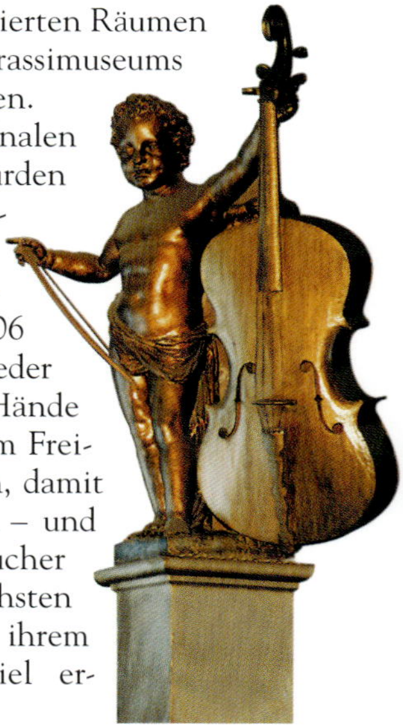

*Der Putto hält eine Baßgeige in den Händen.*

# Achtung! Die Uhr rieselt!

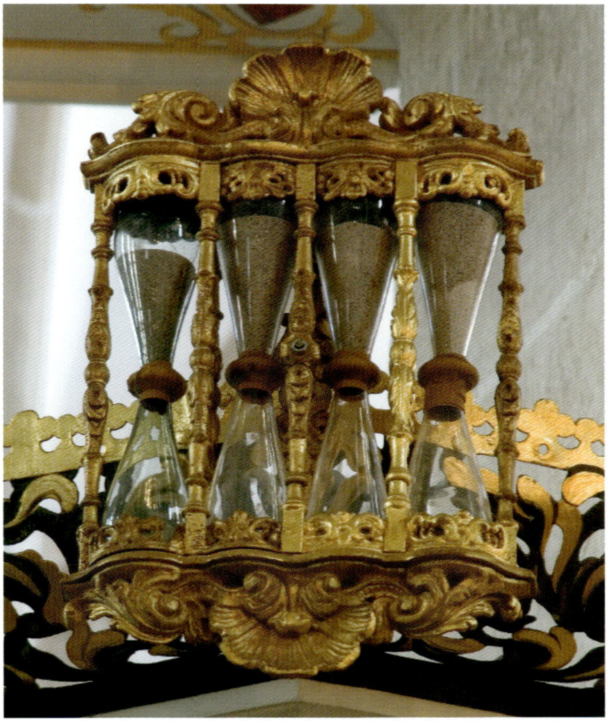

*Seltsamerweise befindet sich der Sand in den oberen Gläsern der Uhr.*

Nicht nur „umb der Kinder willen" hatte sich Martin Luther häufig über zu lange Predigten beklagt. Aus seinen „Tischreden" ist überliefert: „lange predigen ist keine kunst, aber recht und wohl predigen (...)". Offenbar neigten die protestantischen Pfarrer dazu, die neue Lehre besonders weitschweifend und selbstgefällig darzustellen, ohne dabei Rücksicht auf die Aufmerksamkeit ihrer Zuhörer zu nehmen. Deshalb sind gerade aus nachreformatorischer Zeit zahlreiche Kirchenordnungen bekannt, in denen nicht nur die Häufigkeit von Gottesdiensten geregelt wird, sondern auch strenge Angaben über die Länge der Predigten gemacht werden. Manchmal ging es aber wohl nur darum, die Gläubigen nicht zu lange von der Arbeit fernzuhalten. Katholische Kirchenordnungen übernahmen derartige Regelungen mit nur geringer Verzögerung.

Als probates Mittel zur Begrenzung der Predigtzeiten wurden meist Sanduhren vorgeschrieben oder empfohlen. Noch heute finden wir einige davon in den Kirchen, oft noch unmittelbar an der Kanzel, wie hier in der Stadtkirche St. Marien im sächsischen Torgau. Mit ihren vier Gläsern ist die Torgauer Sanduhr nicht nur ein besonders schönes Exemplar, mit ihr ließ sich auch der zeitliche Fortgang der Predigt sehr leicht beobachten. Es ist zu vermuten, daß der Sand im ersten Glas nach genau 15 Minuten durchgelaufen war, der im zweiten eine halbe Stunde und der im dritten 45 Minuten brauchte, während das letzte untere Glas erst nach einer vollen Stunde ganz gefüllt war.

Man könnte meinen, daß die Sanduhr ein sehr altes Instrument zur Zeitmessung ist. Doch erst in Quellen aus dem frühen 14. Jahrhundert findet man entsprechende Hinweise, vor allem im nautischen Bereich. Die älteste bekannte Darstellung einer Sanduhr befindet sich auf einem Fresko in Siena aus dem Jahre 1338. Zuvor hatte man Zeitspannen mit Wasseruhren oder brennenden Kerzen gemessen,

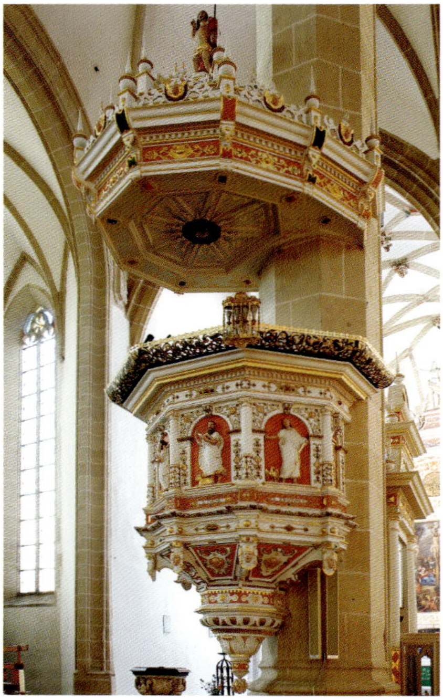

*Der Torgauer Bildhauer Georg Wittenberger schuf 1582 die Kanzel mit den Reliefs der vier Evangelisten.*

jetzt hielten die zarten Glasgefäße mit dem feinen Sand schnell Einzug. Das geschah also etwa zur selben Zeit wie die Einführung der mechanischen Räderuhren, beide ergänzten sich zunächst und waren doch Konkurrenten.

Nürnberg war im 16. und 17. Jahrhundert nicht nur ein Zentrum der Uhrmacherei, sondern auch der Sanduhrmacher. Getüftelt wurde vor allem an der richtigen Zusammensetzung des Sandes, aber auch an verschiedenen Formen dieses preiswerten Zeitmeßgerätes, um auf die unterschiedlichen Wünsche der Kunden eingehen zu können. Denn nicht nur die Redezeit von Pfarrern sollte mit Hilfe von Sanduhren begrenzt werden, auch in Klöstern, Gerichten, Amtsstuben und Schulen war es notwendig, Zeitspannen möglichst genau messen zu können. Bis weit ins 19. Jahrhundert wurden die Wachzeiten auf Schiffen in „Gläsern“ bestimmt. Und auf Kirchtürmen prüften sogar die Türmer mit ihnen, ob denn die Turmuhren genau gingen.

Den Wettlauf mit der Sanduhr haben mechanische und elektronische Uhren längst gewonnen. Heute führen Sanduhren nur noch ein Nischendasein, zum Beispiel als Saunauhr, da der Lauf des Sandes von der ungewöhnlichen Hitze nicht beeinträchtigt wird. Und als spielerische Beigabe zu Zahnbürsten dienen kleine Sanduhren dazu, die Kinder anzuregen, ihre Zähne möglichst ausgiebig zu putzen.

Aber zurück nach Torgau. Die stattliche gotische Hallenkirche St. Marien hatte zur Zeit der Reformation eine besondere Bedeutung: War Torgau doch als Residenz der sächsischen Kurfürsten ein politisches Zentrum im Kernland des Protestantismus. Martin Luther predigte hier häufig. Seine Ehefrau Katharina von Bora starb 1552 in Torgau, ihr Grabstein in St. Marien ist heute ein besonderer Anziehungspunkt. 1582, in nachreformatorischer Zeit, errichtete Georg Wittenberger die reichgeschnitzte Kanzel. 1692/93 wurde sie barock umgestaltet. Dabei entstand vermutlich auch die prachtvoll verzierte Sanduhr an ihrer Brüstung. So wie sie schon seit längerem an der Kanzel befestigt ist, kann sie leider nicht mehr betätigt werden. Die heutigen Pfarrer bedürfen wohl auch nicht mehr dieses Hilfsmittels, um das rechte Maß für ihre Predigt zu finden.

Doch verfehlte die Sanduhr früher zuweilen ihre Wirkung. Eine Anekdote erzählt, daß ein wider die Trunksucht wetternder Redner in seinem Überschwang einst das Zeitglas mit dem Spruch umdrehte: „Ei, so lasset uns denn noch ein Gläschen genehmigen!“

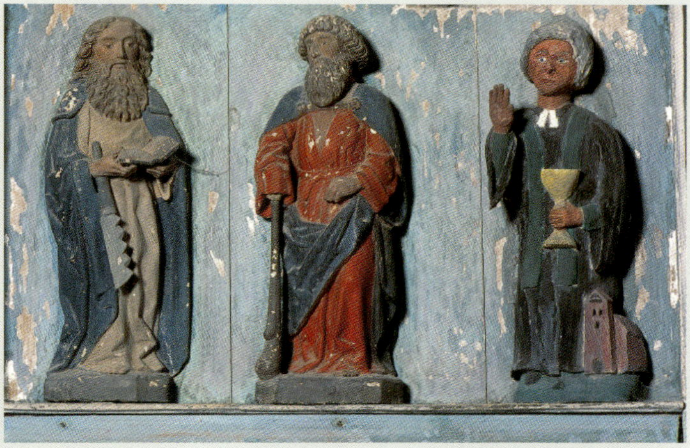

# Von goldenen Wundern und Wandlungen

Mittelalterliche Kirchen umfingen den Schriftunkundigen mit einer vielfältigen Bilderwelt von Geschichten aus der Bibel, aus dem Leben der Heiligen und zum Geheimnis des Glaubens. Was lag näher, als den Altar, den Ort der Eucharistiefeier und der Gemeinschaft mit Christus, mit Aufsätzen und kunstvollem Schmuck in ganz besonderer Weise hervorzuheben? So entstanden wahre Wunderwerke der Kunst, durch Flügel vergrößert, reich bemalt, aufwendig geschnitzt und kostbar vergoldet, die in der Darstellung der biblischen Geschichte auch die mittelalterliche Gegenwart widerspiegeln. Das Zeitalter des Barock mit seinem Gespür für Effekte erfand die Mechanik, mit der für kirchliche Feiertage das Altarblatt ausgetauscht werden konnte und neue Bildprogramme zum Vorschein kamen.

# Das „Goldene Wunder“

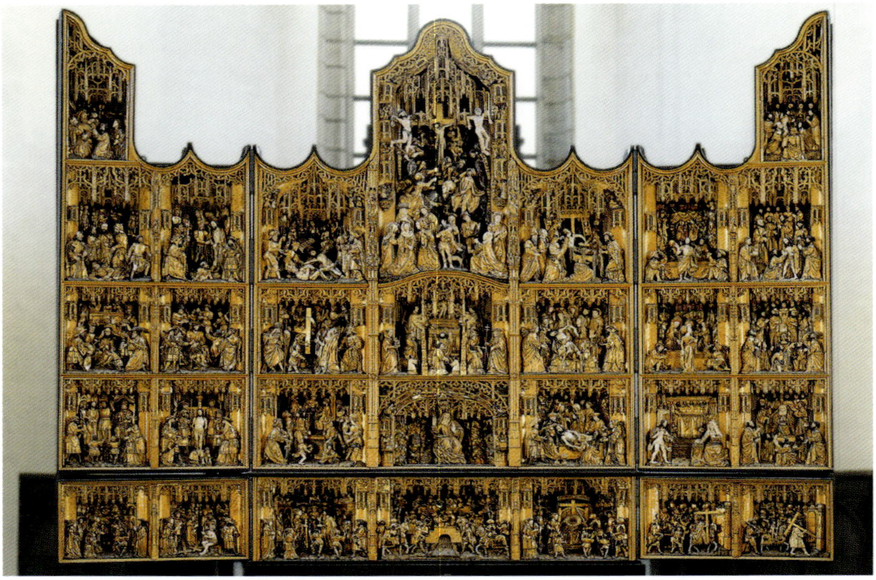

*Die zwei Flügelpaare des Altars ermöglichen drei verschiedene Bildprogramme, hier die Festtagsseite.*

Die Kunstmetropole Antwerpen konnte sich im späten Mittelalter rühmen, einer der bedeutendsten Handelsplätze Europas zu sein. Wahre Exportschlager waren die Altäre, die zwischen 1510 und 1530 in den Werkstätten der sogenannten Antwerpener Manieristen entstanden. Insgesamt sind allerdings nur noch rund 200 Retabel der flämischen Bildschnitzer und Maler erhalten – Bilderstürme, Überformungen und Kriege ließen den Bestand schwinden.

Der größte und zugleich wertvollste Flügelaltar aus der Scheldestadt steht mitten im Ruhrgebiet. Die Mönche des Dortmunder Franziskanerklosters waren 1521 selbstbewußt und kaufkräftig genug, den Hochaltar für ihre Kirche in Antwerpen zu bestellen. Für das Meisterwerk brachten sie, die Transportkosten nicht mitgerechnet, 646 Goldgulden auf – ein schier unvorstellbares Vermögen!

Im geöffneten Zustand erreicht das Retabel die imposante Breite von 7,40 Metern. Wie es im Volksmund zu seinem Namen „Goldenes Wunder“ kam, erschließt sich beim Anblick der Festtagsseite sofort: Wenn Hundertschaften geschnitzter und mit echtem Gold überzogener Figuren in dreißig Einzelszenen die Passion Christi vergegenwärtigen, so war und ist dies an Pracht schwer zu überbieten.

Wie sehr man in der Antwerpener Lukasgilde, in der sich die Maler und

Bildhauer zusammengeschlossen hatten, auf Qualität achtete, bezeugen die winzigen Stempel mit dem Handsymbol, die noch heute auf den Sockeln oder Köpfen der Figuren zu finden sind. Sie dienten als Prüfsiegel für das Schnitzwerk, das erst damit zum Fassen freigegeben wurde.

Die zwei Flügelpaare des Altars ermöglichen drei verschiedene Bildprogramme. Im geschlossenen Zustand ergeben die gemalten Felder ein Bild der Anbetung der Eucharistie durch kirchliche und weltliche Würdenträger. Die erste, für einfache Festtage vorgesehene Wandlung bietet 36 Einzelbilder mit der Kindheitsgeschichte Jesu, die durch Szenen aus dem Leben seiner Vorfahren vorbereitet wird. Ganz geöffnet, erscheint die skulptierte Hauptansicht mit der Kreuzigung im Zentrum. Für Antwerpener Retabel charakteristisch, ist sie ergänzt durch die nichtbiblische Darstellung der Gregorsmesse.

Besonders beeindruckend ist die Detailfreude, mit der die einzelnen Felder ausgeschmückt wurden. Im Vordergrund der Szene „Christus vor Pilatus“ kann man einen Knaben mit Steckenpferd entdecken. Er hat seine Schuhe auf den Rücken gebunden, denn im 16. Jahrhundert schonten die Kinder ein so kostbares Gut beim Spielen. Und der Mann, der der Himmelfahrt Christi beiwohnt, mag trotz Brille seinen Augen kaum trauen.

Während den für den Chorraum der Klosterkirche bestimmten Altar einst nur wenige Auserwählte zu Gesicht bekamen, ist er längst jedermann zugänglich. Nachdem das Dortmunder Franziskanerkloster 1805 aufgelöst worden war, erwarb die evangelische Gemeinde St. Petri das spätgotische Kleinod. Seit 1809 befindet sich das „Goldene Wunder“ mitten in der Stadt und genießt die ihm gebührende Aufmerksamkeit bei den Dortmunder Bürgern.

Durch Patenschaften für restaurierungsbedürftige Schnitzfiguren kam sogar schon manches himmlische Geschöpf zu seinem irdischen Schutzengel.

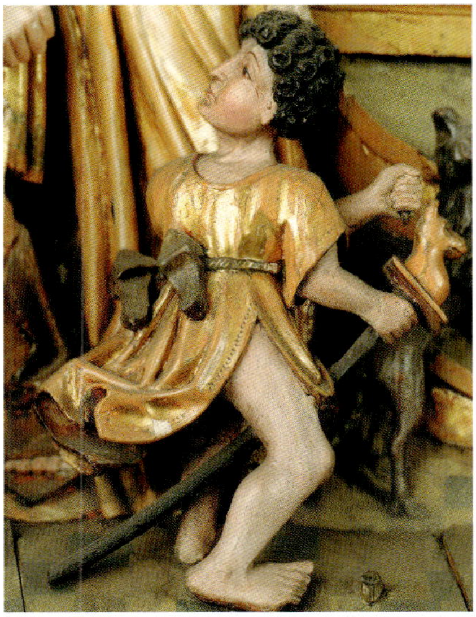

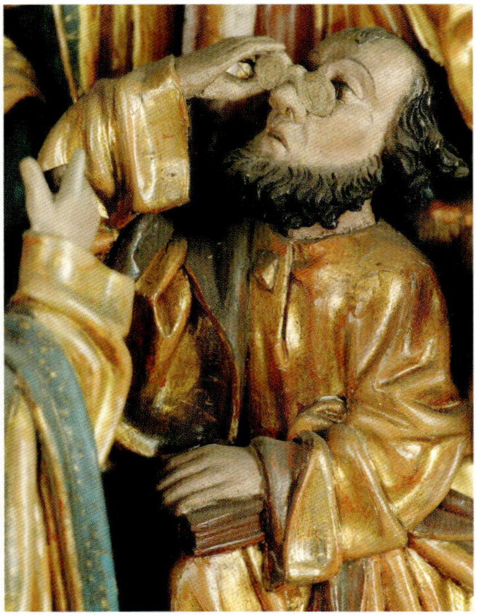

*Beim genauen Betrachten der einzelnen Szenen lassen sich ungewöhnliche Details entdecken.*

# Die begnadeten Schnitzer vom Erzgebirge

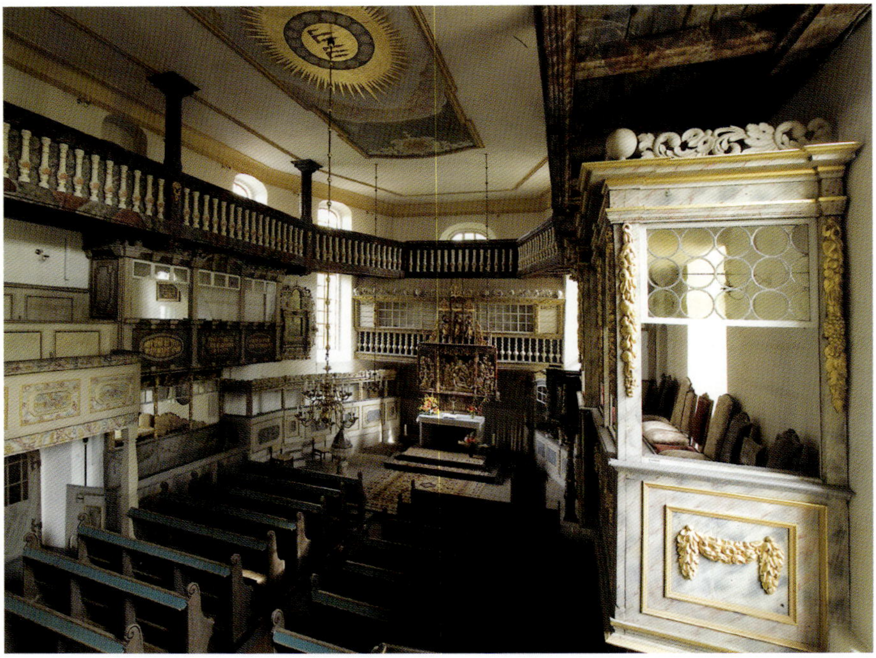

*St. Johannis wurde in den Jahren 1559 bis 1571 errichtet. Der stimmungsvolle Innenraum mit seinen Betstuben und der umlaufenden Empore stammt aus der ersten Hälfte des 18. Jahrhunderts.*

Die Johannis-Kirche im sächsischen Scheibenberg, zwölf Kilometer westlich von Annaberg-Buchholz, ist etwas Besonderes mit ihrer warmen und gleichzeitig prachtvollen Ausstrahlung. Obwohl eigentlich ganz typisch für die evangelischen Kirchen im Erzgebirge, hat sie durch die umlaufende Empore und vor allem durch die vielen unregelmäßigen Logeneinbauten einen unverwechselbaren Charme. Vor lauter Betstuben für privilegierte Menschen meint man fast, es gäbe gar nicht genug Platz für die ebenerdigen Bänke der einfachen Gläubigen. In einer Hinsicht aber waren die Standesunterschiede sowieso nie von Bedeutung: Den strahlenden Altar kann man in der Scheibenberger Kirche von jedem Platz aus gleich gut sehen.

Das Erzgebirge ist eine Schnitzergegend, und wenn St. Johannis dies schon mit seinen vielen Metern Holzgirlanden zeigt, die sich über die Logen legen, ist der Flügelaltar mit dem Passionszyklus der endgültige Beweis für die Fertigkeit in dieser Region. Älter als das Gotteshaus, wird seine Entstehung um 1485 angenommen. Qualitätvolle Malereien schmücken die Außensei-

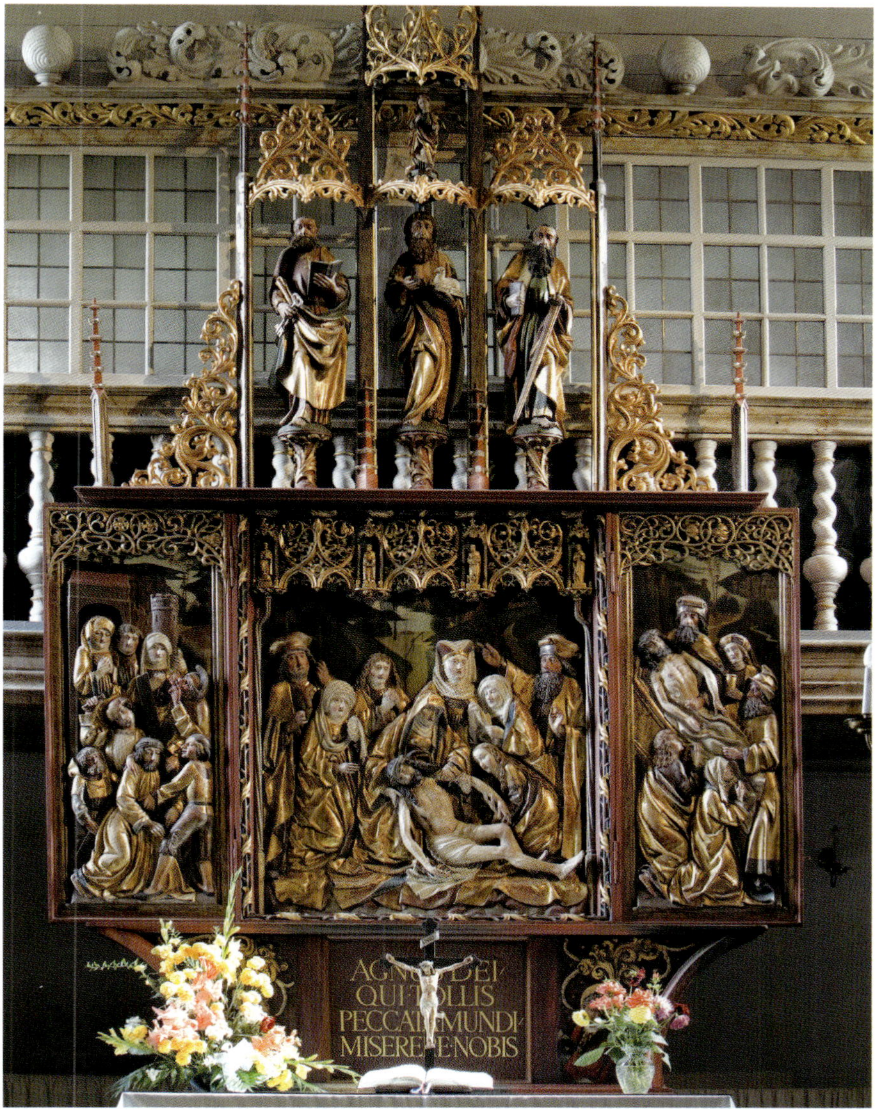


*Festtagsseite des prächtigen Flügelaltars*

ten der Altarflügel, auf der Rückseite sind sie leider stark beschädigt. Weitestgehend erhalten dagegen ist die Festtagsseite mit ihren vergoldeten und so lebendigen Schnitzereien. Gerahmt vom hölzernen Gehäuse staffeln sich in den einzelnen Altarbildern vor einer idealisiert gemalten Landschaft und einer ebenso idealisiert geschnitzten Stadt die Figurengruppen. Sie wirken wie rundplastisch gearbeitet: Altarkunst der Spätgotik in höchster Vollendung – von bislang unbekannten Meistern.

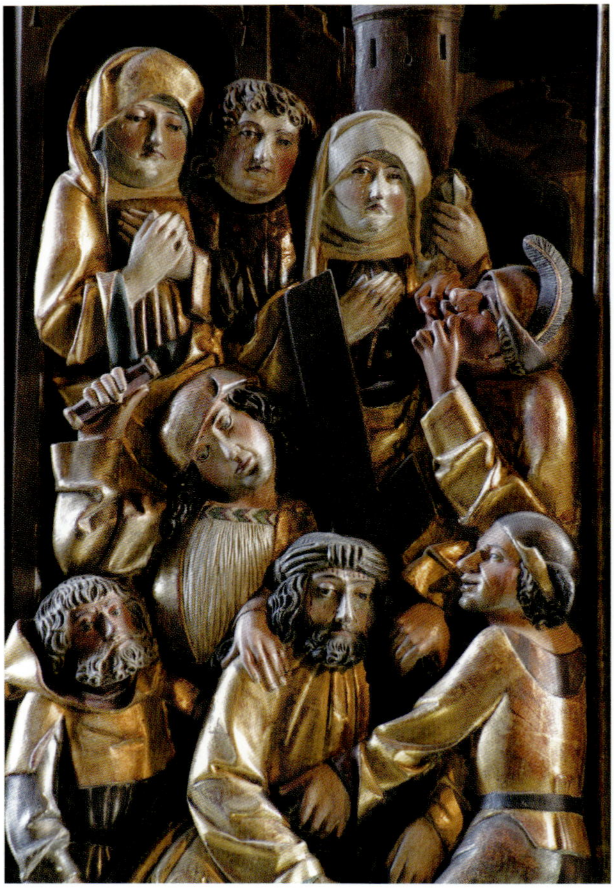

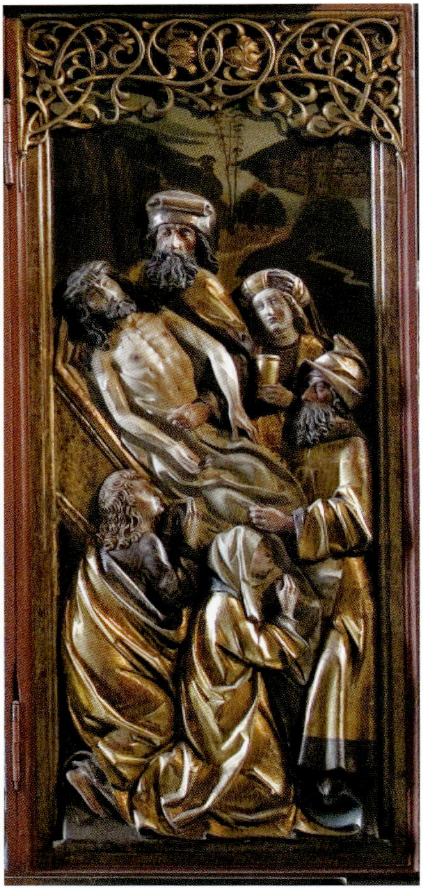

*Die geschnitzte Passionsgeschichte des Scheibenberger Altars läßt auch Rückschlüsse auf die Entstehungszeit zu.*

Es lohnt, sich auf einige Szenen im Detail einzulassen: zum Beispiel die der Kreuztragung Christi im linken Altarflügel. In ihrer ganzen Dramatik wird die Passion dargestellt. Maria, Johannes und – wahrscheinlich – Veronika fließen die Tränen über die verzweifelten Gesichter, am linken vorderen Bildrand versucht Simon von Kyrene angestrengt, die Last des Kreuzes für Jesus zu mindern. Am lebendigsten in ihren Bewegungen und ihrer Mimik aber sind die drei Kriegsknechte dargestellt, die die entsetzten Mitleidenden verhöhnen und Christus quälen, indem sie ihn an den Haaren ziehen und die Geißel schwingen. Natürlich findet sich auch eine Anspielung auf das Erzgebirge mit seinem Bergbau. Simon, der einfache Bauer, der einzige, der Jesus wahrhaftig geholfen hat, trägt ein Kapuzentuch. Zu jener Zeit war dies die Kleidung der Silberbergleute – auffällig und gewollt der Gegensatz zur geckenhaften Tracht der gottlosen und sündigen Kriegsknechte auf dem Scheibenberger Altar.

# Der liebe Gott und die Spiegelschrift

Man sollte sich für die Kirche Zeit nehmen, wenn man das 600-Seelen-Dorf Zurow nahe Wismar besucht. Nicht nur, weil die gotische Backsteinkirche durch ihre Größe und ihre herausragende Baukunst überrascht. Auch ihre Ausstattung bietet einige Kuriositäten, die aufzuspüren Freude macht. Errichtet um 1380, gaben die Stifterfamilien von Stralendorf und von Bülow viel Geld, damit die einschiffige Kirche mit dem hohen Turm eine Zierde Gottes sei.

Nicht von ungefähr geriet sie zur „kleinen Schwester“ von St. Nikolai in Wismar, denn in Zurow versammelten sich einst die mecklenburgischen Landstände und traf sich regelmäßig eine angesehene Kalandsbruderschaft. Zudem war sie dank eines „wundertätigen Marienbildes“ Wallfahrtsort, das auf protestantische Intervention 1542 weggeschlossen wurde und seitdem als verschollen gilt.

Eine der Besonderheiten ist an der Chorgewölbemalerei aus der Erbauungszeit zu entdecken. Dort thront Jesus als „Salvator mundi“, flankiert von Heiligen der Stifterfamilien, die Spruchbänder halten – wobei man eines nur schwer entziffern kann: Es ist spiegelverkehrt beschriftet. So manche Theorie kursiert darüber, von geheimer Botschaft bis zum des Lesens nicht kundigen Künstler. Doch meist haben Kinder die einfachste Lösung parat: Auch Gott müsse vom Himmel aus einen Spruch lesen können ...

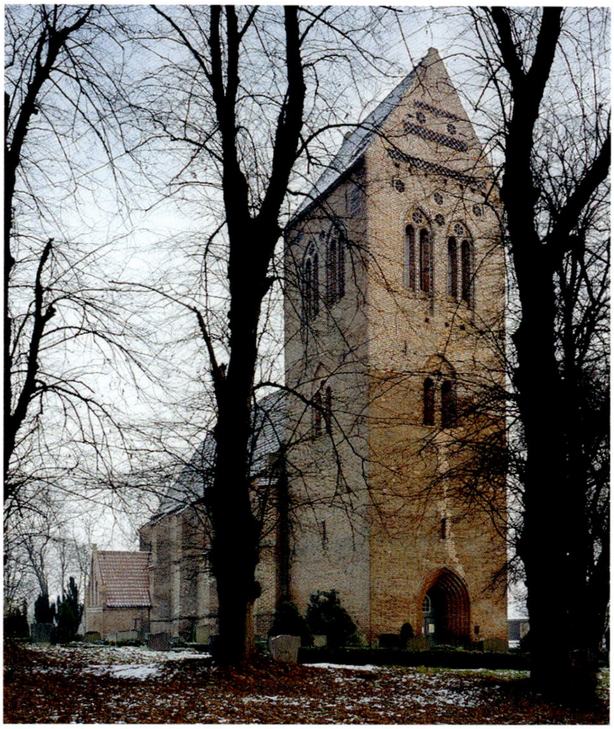

*Der einschiffige Backsteinbau der Dorfkirche von Zurow stammt aus dem 14. Jahrhundert.*

Den Hals braucht man sich nicht zu verrenken, wenn einem der Anblick des Altars seltsam erscheint. Der dreiflügelige Schnitzaltar aus Eichenholz wurde um 1450 in einer Wismarer Werkstatt für das Gotteshaus angefertigt und später farbig gefaßt. Im Mittelschrein ist die Krönung Mariens dargestellt. Ihr zur Seite gestellt sind Anna Selbdritt und Johannes der Evangelist sowie auf den Seitenflügeln die zwölf Apostel. Das Triptychon ist – wie leider das ganze Gotteshaus – sehr

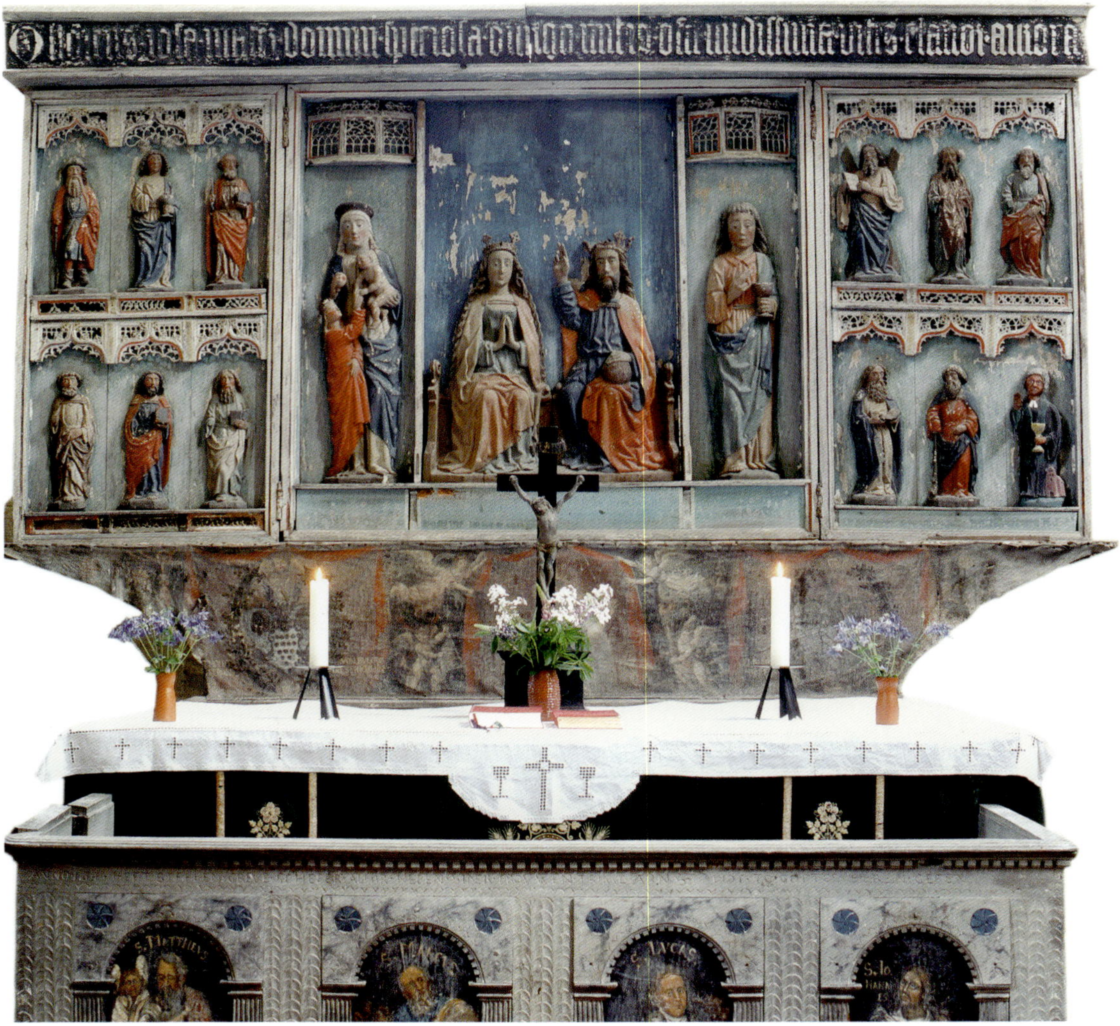

*Der dreiflügelige Schnitzaltar wurde um 1450 in einer Wismarer Werkstatt gefertigt.*

angegriffen und restaurierungsbedürftig. Doch nicht allein das fällt auf. Auch nicht, daß nicht alle zwölf Apostel zu benennen sind, da ihnen die Attribute abhanden gekommen sind. Nein, was stutzig macht, ist eine Heiligenfigur, der zwar ein Kelch und eine Kirche beigegeben sind, die aber ein für Heilige untypisches Gewand trägt – einen Talar mit weißem Beffchen, dazu auch noch eine modische Frisur.

Das Geheimnis lüftet unser Kirchenführer mit Schmunzeln. Vermutlich im 19. Jahrhundert ging eine Apostelfigur verloren. Welche, weiß man bis heute nicht, da niemand je etwas über den Altar aufgezeichnet hat. Doch bei den Gottesdiensten sah sich die Kirchengemeinde immer wieder der leeren Nische gegenüber. Dann aber hatte der Schwager der damaligen Pastorin Barbara Neumann, Eckhard Neumann, eine Idee: Er schnitzte für seine Schwägerin eine Heiligenfigur, die diese anläßlich der 700-Jahr-Feier Zurows im Jahr 2003 für den Altar stiftete. Seither ist die Gemeinde glücklich mit der Leihgabe. Der „Schandfleck" ist verschwunden und die Heiligenstatue paßt wunderbar zu ihrer Kirche: Es ist die heilige Barbara, zu erkennen an Kelch und Turm, in dem sie sich der Legende nach gegen den Willen ihres Vaters taufen ließ. Und nicht nur die Pastorin, sondern auch die stattliche Kirche von Zurow nahm sich der Künstler zum Vorbild, denn ihr Turm besitzt, wie oftmals bei der Darstellung des Barbara-Turms, ebenfalls drei Fenster – Symbol für die Dreieinigkeit Gottes.

Gerne werden Besucher durch die gotische Kirche geführt, die noch mehr zu erzählen hat – auch in der vagen Hoffnung, daß vielleicht jemand die übrigen Apostelfiguren näher bestimmen kann. Nur wenn Profi-Fotografen anreisen, um Kirche und Altar abzulichten, wird flugs die heilige Barbara aus dem Bild genommen. Die Zurower wissen um den kunsthistorischen Stilbruch, auch wenn die Statue etwas fürs Herz ist. So freuten wir uns, daß bei unserem Besuch die heilige Barbara ausnahmsweise an ihrem Platz bleiben durfte.

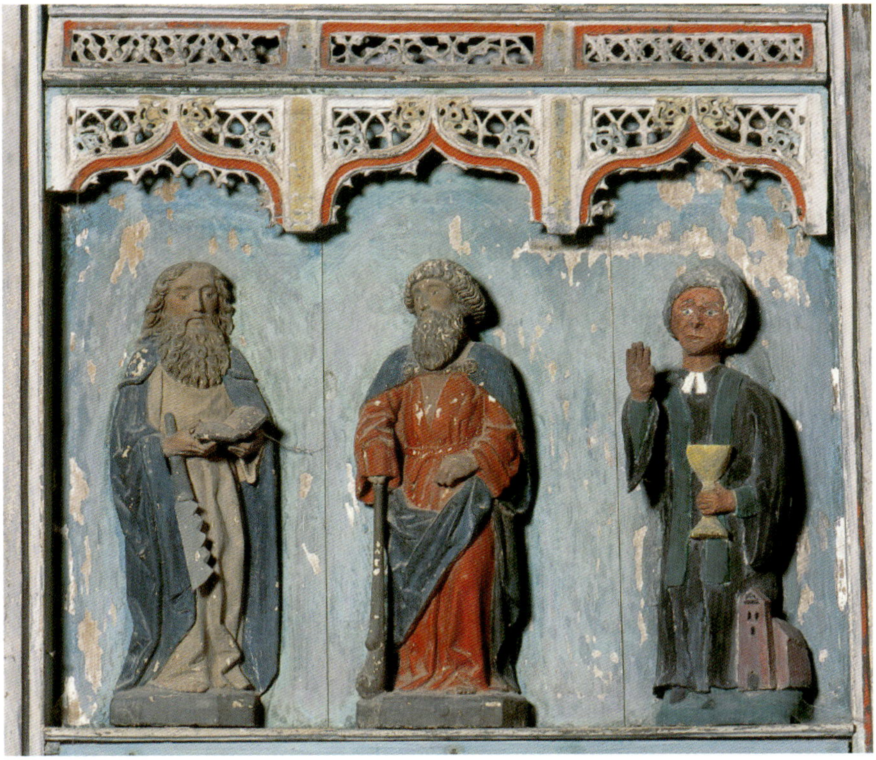

*In den spätgotischen Altar hat sich eine moderne Figur eingeschlichen, die heilige Barbara (rechts).*

# Welch glanzvolle Verehrung

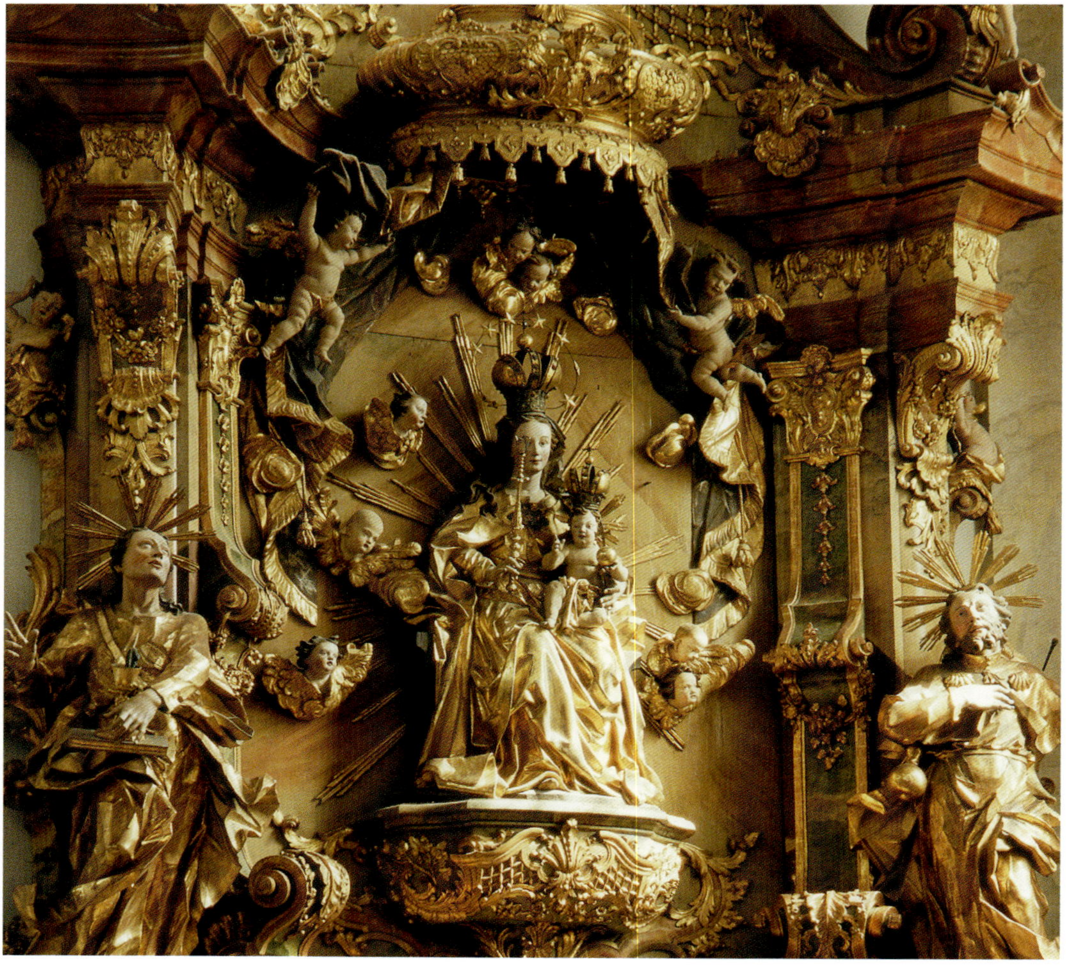

*Von Engeln umschwebte Muttergottes*

500 Jahre Kloster Seligenthal! Dieses Jubiläum war 1732 für die Landshuter Zisterzienser-Ordensschwestern ein willkommener Anlaß, ihre romanische Klosterkirche ganz im Stil des bayerischen Barock umgestalten zu lassen. Heraus kam ein edler Kirchenraum, der bis heute in seiner ausgewogenen Eleganz und klaren Heiterkeit als Perle des Spätbarock in Bayern gepriesen wird.

Unter den barocken Prachtaltären, die in ihrer kunstvollen Schwere und Wuchtigkeit einen besonders reizvollen Kontrast zur beschwingten Architektur und Dekoration darstellen, fällt der rechte Seitenaltar zu Ehren Mariens auf. Statt eines Altargemäldes befindet sich dort eine sitzende Muttergottes mit Jesuskind. Es ist die sogenannte Höninger Madonna, die um 1500 geschaffen wurde und als eines der wenigen gotischen Kunstwerke in der Kirche erhalten blieb.

Für die gotische Madonnenfigur dachte sich der Künstler etwas Besonderes aus. Um ihr eine barocke Aura zu verleihen, faßte er sie in Gold, gab ihr ein Zepter in die Hand und setzte ihr sowie dem Jesuskind eine Krone aufs Haupt. Doch mehr veränderte er nicht.

Vielmehr bewahrte er ihre anmutigen, gotischen Züge: die grazile, zierliche Gestalt, umhüllt von einem weit ausgestellten, schweren Mantel, der in tiefe Schüsselfalten gelegt ist. Der herzförmige Mund, durch das spitze Kinn betont, die hohe Stirn und das lange, dunkle Haar, das in lockeren Zöpfen nach hinten gelegt ist. Die Mutter Gottes wirkt nach wie vor wie die edle, höfische Dame des Mittelalters, die die Minnesänger so tief verehrten.

Der Künstler aber wäre kein Kind seiner Zeit gewesen, hätte er die Madonna nicht effektvoll in Szene gesetzt: Inmitten eines barocken Altaraufbaus mit zwei Pilastern aus Gold- und Marmorstuck mit Muscheln, Rocaillen und stilisierten Pflanzenornamenten geschmückt, sitzt sie unter einem Baldachin. Zwei innerlich bewegte Heilige stehen ihr zur Seite, oben schweben mehrere Engel. Zwei Putti halten den Vorhang des Baldachins gleich einer Theaterbühne zur Seite. Dort thront sie, die Himmelskönigin, umfangen von Sonnenstrahlen und umschwärmt von jubelnden Engelsköpfchen. Welch eine glanzvolle Verehrung Mariens!

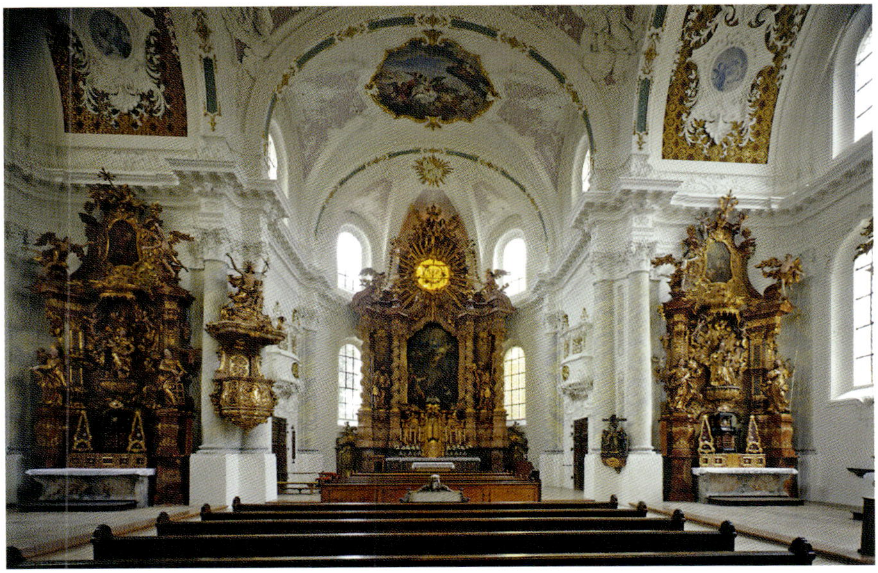

*Der Maler und Stukkateur Dominikus Zimmermann hatte maßgeblichen Anteil an der barocken Umgestaltung der Klosterkirche von Seligenthal in den Jahren 1732–34.*

# Schönheit von innen

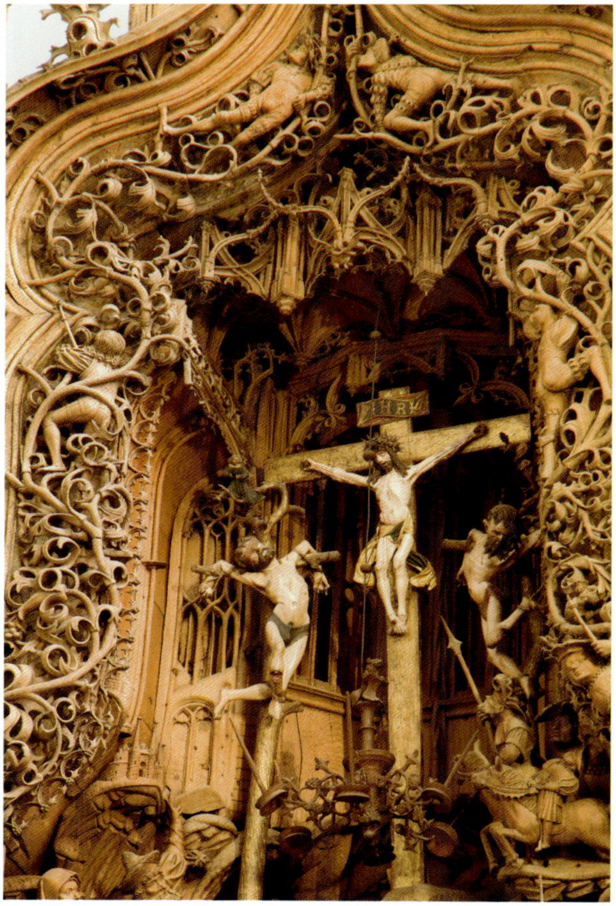

*Spätgotische Schnitzkunst in virtuoser Form: Das Rankenwerk der Wurzel Jesse umfaßt den Altar.*

St. Nicolai in Kalkar ist eine schöne, aber auf den ersten Blick keine spektakuläre Kirche: außen backsteinerne, innen niederrheinisch klare Gotik in hellen Farben.

Das Besondere an St. Nicolai ist nicht die Architektur, sondern die Ausstattung: Vor fast jeder Säule im Kirchenschiff, im Hauptchor und in den Nebenchören stehen Wandelaltäre, in deren Gehäuse es von Geschichten nur so wimmelt. Zehn Stück sind es heute noch, und beim Durchschreiten der Kirche muß man häufiger den Kopf einziehen, um nicht an die vielen ausgeklappten Flügel zu stoßen. Bis ins 17. Jahrhundert hinein waren es gar 17 Altäre. Sie müssen in Reihen hintereinander gestanden haben, und erstaunlicherweise hat Masse in diesem Fall keine Klasse verhindert.

Mag der größte der Kalkarer Altäre-Schar, der Hochaltar, auch im Zentrum der Kirche, im Chor, stehen, ihre Königin ist zweifellos der Sieben-Schmerzen-Altar im südlichen Seitenchor. Schon allein – der Name sagt es bereits –, weil er Maria und ihren Sieben Leiden gewidmet ist. Aber auch wegen seiner herausragenden Qualität.

Henrik Douwerman, begnadeter Schnitzer der niederländisch-flämischen Schule, hat den Altar von 1518 bis 1522 geschaffen. Pietà und Flügel stammen aus späteren Zeiten. Der Altarschrein ist ein Meisterwerk spätgotischer Schnitzkunst: Nicht farblich gestaltet, sondern wie es am Ende der Spätgotik populär wurde, ganz auf die Hell-Dunkel-Effekte setzend, schafft er mit jedem Gefach eine eigene fast vollplastische Welt.

Was aber den Sieben-Schmerzen-Altar in Kalkar zu einem Geniestreich



76

werden läßt, ist die Holzwerdung der Wurzel-Jesse-Geschichte. Kern und Mittelpunkt ist die Predella. Zeigen spätgotische Predellen in der Regel einen Fries mit Heiligen, hat Douwerman den alttestamentarischen Jesse in ihre Mitte gerückt. Nach der Vision des Jesaja von dem „Reis“, das aus der Wurzel Jesse aufgehen werde, keimt aus dem schlafenden Jesse, dem Vater Davids, das Reis als ein mächtiger Baum, in dessen Ästen die biblischen Könige und die Propheten verborgen sind. Es ist der Stammbaum Jesu.

Bei Douwerman wächst aus dem schlafenden Jesse aber nicht nur ein Baum, sondern ein den gesamten Altar umrankendes Rahmenwerk. Aus der Predella, die einem Urwald gleicht, sprießen die Zweige, kunstvoll gezwirbelt, um den Altarschrein und die Geschichte von Maria und Jesus herum, bis in die Spitze des Gesprenges. Hier huldigen die Engel der Apokalypse, der Evangelist Johannes und der Heide Kaiser Augustus der Muttergottes Maria, deren Figur die Bekrönung des gesamten Altars darstellt. Die Wurzel Jesse, Dutzende von Menschengenerationen vor Christi Geburt darstellend, hat sich auf dem Weg von ihrem wilden Ursprung in der Predella bis zu ihrem Ziel im Gesprenge in eine geordnete gotische Fialenarchitektur gewandelt.

Die Deutung dessen aber, was Douwerman – in seinem eigenen Leben gebeutelt durch Trunk- und Spielsucht und Schulden, Vater eines früh verstorbenen Kindes von seiner Schwägerin – mit seinem kunstvollen Durcheinander, mit den biblischen Figuren, die von den Ranken geradezu gefesselt und gewürgt werden, die mühsam durchs Gestrüpp kriechen und hangeln und dabei doch ganz hoffnungsfroh nach oben blicken, was Douwerman uns, dem Betrachter, mit auf den Weg geben wollte, bleibt letztendlich jedem selbst überlassen.

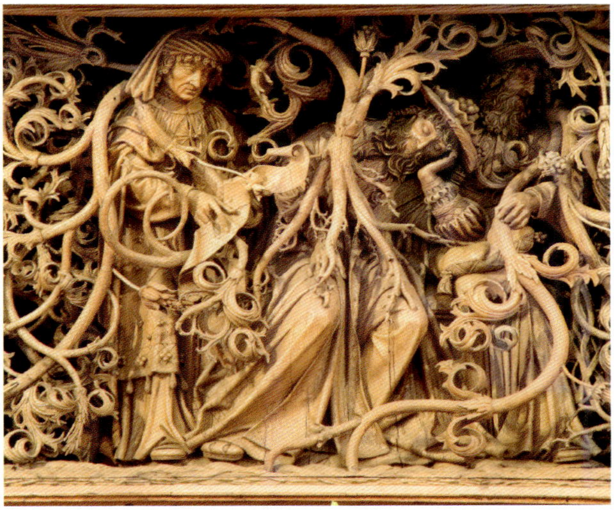

*Der schlafende Jesse in der Predella. Aus ihm keimt das Reis als ein mächtiger Baum.*

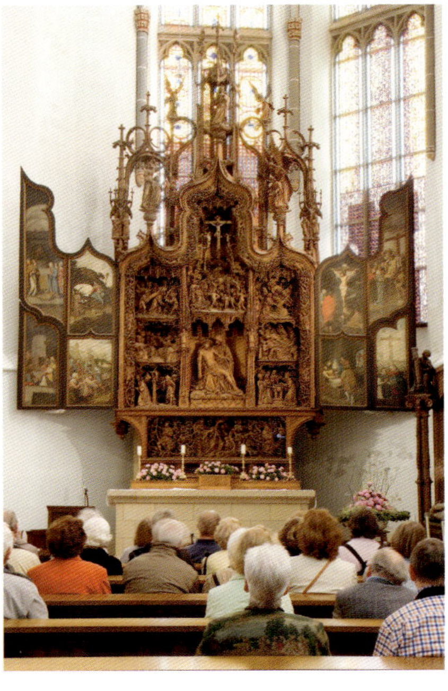

*Die Flügelbilder mit den Sieben Schmerzen Marias. Jedes Gefach ist eine eigene plastische Welt in Holz.*

# Vor Feiertagen quietscht es

*Portalarchitektur mit Überraschungseffekt: Am Hochaltar von St. Peter und Paul ist das Werktagsbild bereits zur Hälfte versenkt.*

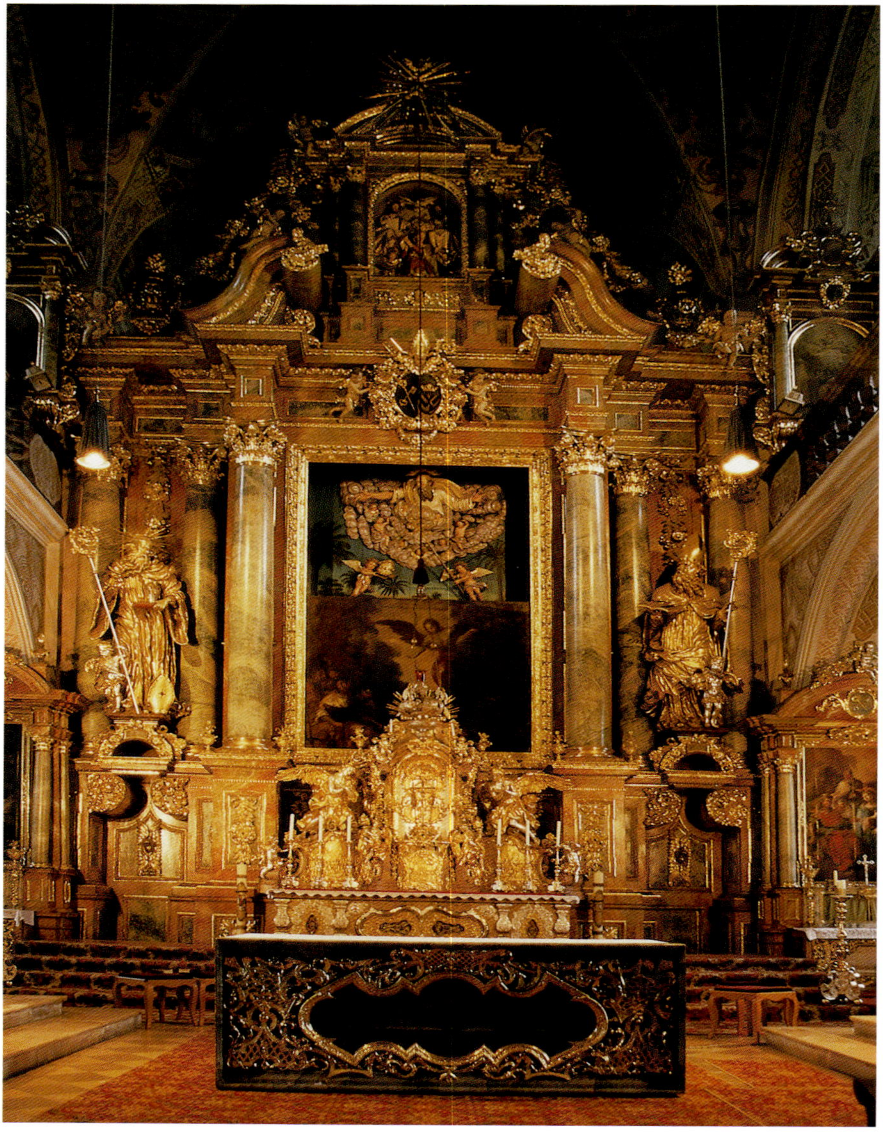

Ortsfremde, die zum sonntäglichen Gottesdienst in das niederbayerische Oberaltaich kommen und am Montag erneut einen Blick in die Kirche St. Peter und Paul werfen, könnten an eine Sinnestäuschung glauben. Hatten sie am Vortag noch das farbenfrohe Schnitzbild des Hochaltars bewundert, finden sie nun an derselben Stelle ein Ölgemälde in gedeckten Farben vor. Für dieses vermeintliche optische Wunder gibt es eine einfache Erklärung: Die ehemalige Klosterkirche besitzt ein ungewöhnliches Exemplar eines Wandelaltars.

Der heutige Kirchenbau war 1622 bis 1630 unter Abt Veit Höser errichtet worden und diente bis zur Säkularisierung des Benediktinerklosters im Jahr 1803 zugleich als Laienkirche. Die Pracht, mit der der kunstsinnige Abt seine Kirche hatte ausstatten lassen, sollte allerdings nicht lange währen. Tobte doch gerade der Dreißigjährige Krieg, und so kam es nur wenige Jahre nach der Weihe zu schweren Verwüstungen. Der Neubau glich einem Schlachtfeld, und es dauerte mehrere Jahrzehnte, bis an eine neue Einrichtung überhaupt zu denken war.

Erst 1693 erhielt die Klosterkirche einen neuen Hochaltar, dessen imposanter architektonischer Aufbau mit Säulen, Gebälk und gesprengtem Giebel das gesamte Mittelschiff ausfüllt. Das Altarblatt, das der Augsburger Maler Johann Georg Knappich geschaffen hat, zeigt die Kreuzigung Petri, die mit dem Haupt nach unten erfolgt sein soll. Im Barock wurde dieses Motiv bevorzugt für Altäre aufgegriffen – nicht zuletzt, weil es effektvolle Kompositionen erlaubte. Flankiert wird das Hauptbild von

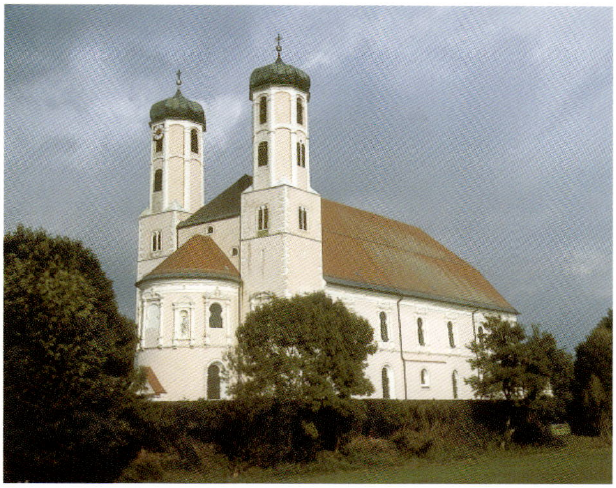

*Die Pfarrkirche von Bogen-Oberaltaich, 1622–1630*

Schnitzfiguren des heiligen Benedikt und des heiligen Augustinus. Im Auszug darüber ist dem Märtyrertod Petri die Enthauptung des Paulus, ebenfalls von Knappich gemalt, gegenübergestellt.

Zu Beginn des 18. Jahrhunderts kamen zahlreiche Kunstschätze hinzu: Abt Dominicus II. Perger setzte großen Ehrgeiz daran, einen würdigen Rahmen für die Tausendjahrfeier von Oberaltaich zu schaffen. Denn einer Legende nach fand die Gründung des

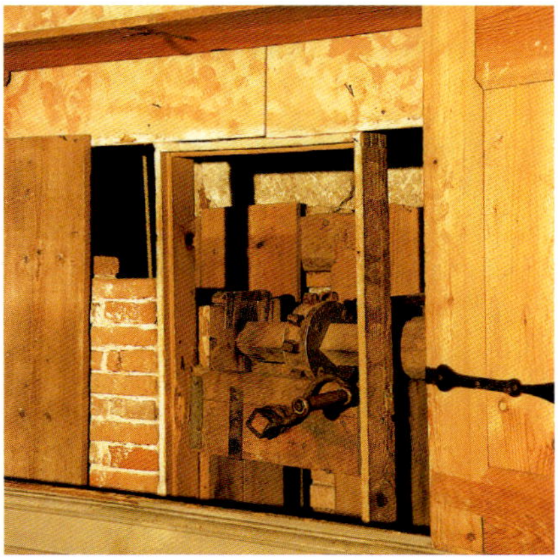

*Mit dieser Winde, die in einem Wandschrank verborgen ist, kann das Altarblatt heruntergekurbelt werden.*

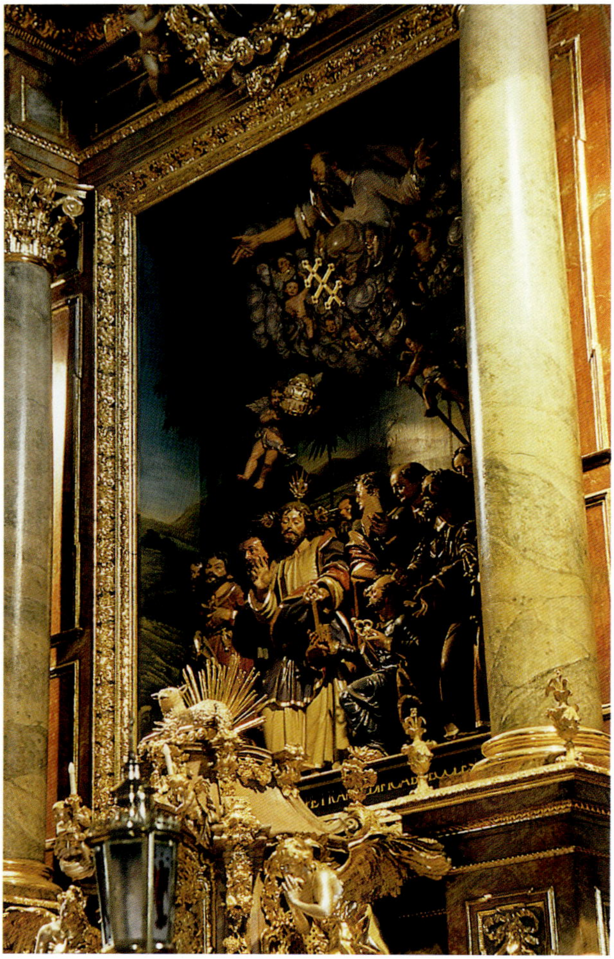

*An Feiertagen erscheint die Schlüsselübergabe an Petrus.*

Klosters, die tatsächlich ins 11. Jahrhundert zu datieren ist, 731 statt.

Seit dieser Zeit weist der Hochaltar eine Besonderheit auf: Um 1730 wurde er nämlich auf raffinierte Weise zum Wandelaltar umfunktioniert. Mit Hilfe einer Drehmechanik, die noch original erhalten ist, läßt sich das Altarblatt herunterkurbeln und gibt den Blick frei auf das Feiertagsbild. Johann Schmid aus Regensburg schuf das Schnitzwerk, das die Übergabe der Schlüssel des Himmelreichs an Petrus zeigt. Wie auf einer Bühne sind Christus und die zwölf Apostel in dem Kasten angeordnet, der kulissenartig mit einer Landschaft bemalt ist. Oben schwebt, ebenfalls plastisch gearbeitet, Gottvater in einer Wolke, umgeben von einer ganzen Engelsschar. Einer der Engel hält die Papsttiara für Petrus bereit.

Mit der Umgestaltung des Hochaltars bekam auch das obere Bild einen Stellvertreter: Zum Feiertag erscheint im Auszug die Marienkrönung – hier muß der Austausch allerdings manuell erfolgen. Im Barock, der Epoche, in der die Festkultur ihren Höhepunkt hatte, wurde die Liturgie zunehmend um spielerische Elemente bereichert und der Schaulust auch in der Kirche gefrönt. Ihre Steigerung fand diese Entwicklung in den Altarräumen, die zum heiligen Figurentheater gestaltet wurden.

Auch in Dießen am Ammersee ist in der ehemaligen Klosterkirche Mariä Himmelfahrt ein funktionsfähiger Wandelaltar erhalten, den der Rokoko-Bildhauer François de Cuvilliés entworfen hat. Das Gemälde des Hochaltars von 1738 ist ebenfalls in einen Graben versenkbar. Das auf diese Weise sichtbar werdende Gehäuse kann dann mit einer ganzen Reihe von gemalten Kulissen für die verschiedenen Feste des Kirchenjahres zur barocken Mysterienbühne umfunktioniert werden.

Dort wie hier hat die robuste Mechanik dafür gesorgt, den überraschenden Szenenwechsel zu bewahren. Und so kündigen sich die Feiertage in der Kirche von Oberaltaich nach wie vor ganz profan durch Knirschen und Quietschen im Hochaltar an.

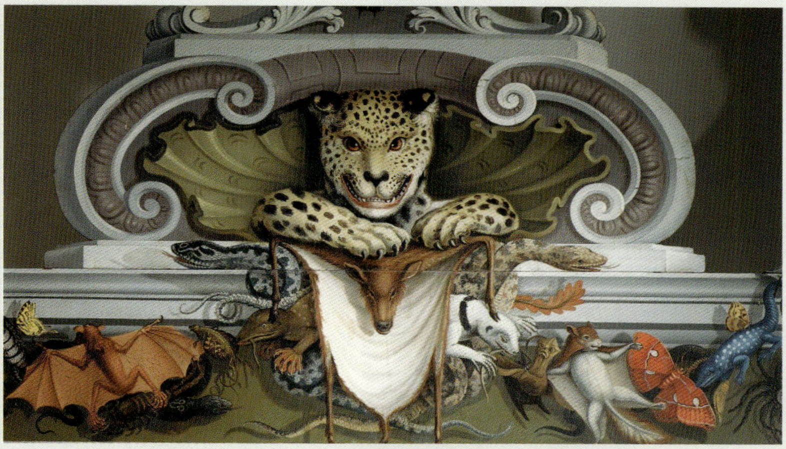

# Von Schatzkisten
# und blütenreicher Phantasie

Ein großer Reiz ging zu allen Zeiten von schönen Dingen, unerklärlichen Phänomenen und kuriosen Gegenständen aus. Mit Bedacht ausgewählt, sollen sie als besonderes Geschenk an diesen Reiz appellieren. Doch konnte man manchmal nicht umhin, im „höchst fürstlichen Geschenk“ die bloße Absicht zu verstehen, den Empfänger milde zu stimmen. Einzigartiges, Rätselhaftes, hochgradig Wertvolles, Ungewöhnliches oder besonders Schönes läßt die Herzen höher schlagen, löst Neugier, bisweilen fast ein Fieber aus und wird mit Stolz zur Schau gestellt. In den Naturalienkammern und Kuriositätenkabinetten der Renaissance hat diese Sammelleidenschaft Gestalt angenommen, in der Zeit der Aufklärung kam der Bildungsaspekt verstärkt hinzu. Nicht mehr weit war der Weg zum öffentlichen Museum von heute.

# Bienen im Bauch

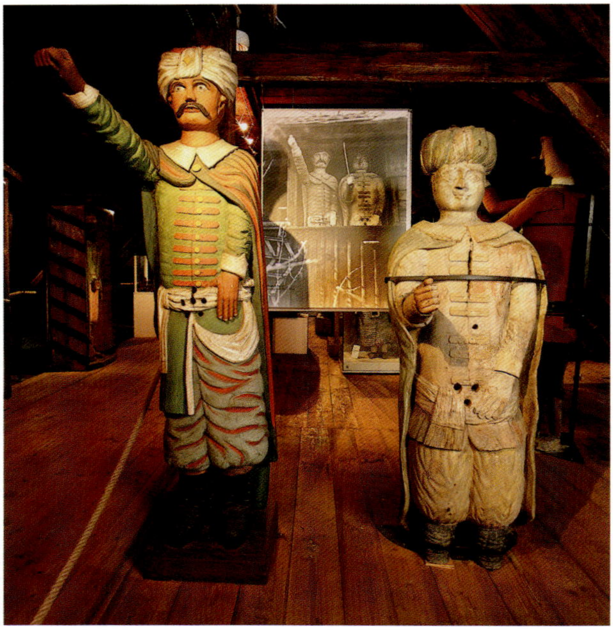

*Im türkischen Habit standen Petrus (r.) und Judas Wache.*

Für die Dorfkinder von Neugernsdorf war es eine ausgemachte Mutprobe, Petrus zu ärgern. Mit allerlei Wurfmaterial bewaffnet schlichen sie sich an das Bauernhaus heran. Dort stand er, Petrus, riesengroß, mit strengem Blick und Säbel in der Hand. Der hölzerne Kerl wurde so lange beworfen, bis er mit seinem Säbel drohte. Vom Küchenfenster aus hatte die Bäuerin alles im Blick und vertrieb die Eindringlinge, indem sie mit einer Holzvorrichtung den bewaffneten Arm des Petrus drohend auf und nieder schwingen ließ. Für die johlenden Kinder ein Erfolg, denn schlimmer wäre gewesen, die Bienen, die in Petrus ihren Stock hatten, aufzustören und zum Angriff zu verleiten.

Petrus ist eine der sogenannten Figurenbeuten. Als Beute wird in der Imkerei der Bienenstock bezeichnet. Bevor die Menschen zur Gartenbienenzucht übergingen, betrieben sie, vor allem in den ausgedehnten Waldgebieten der östlichen Mittelgebirge, die Waldbienenzucht. Die Zeidler, wie die Imker früher genannt wurden, siedelten Bienenvölker in Baumstämmen an, die entweder von Natur aus hohl waren oder die sie in sicherer Höhe ausgehöhlt hatten. An den Stämmen kletterten sie hoch und lösten die Honigwaben aus. Bei der späteren Hausbienenzucht bauten sie dann für die Bienenvölker hölzerne Kästen oder flochten Strohkörbe, die sie in ihrem Garten oder nahe der Dörfer geschützt aufstellten.

Die Figurenbeuten sind eine eigene sorbisch-deutsche Form der Volkskunst, die in Schlesien, im nördlichen Böhmen, in der Lausitz, in Sachsen und Thüringen zu finden war.

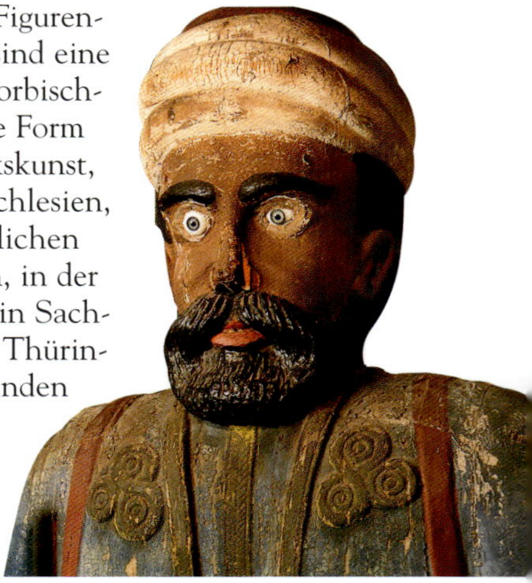

*Die echten Glasaugen lassen diesen Zuaven von 1890 besonders abschreckend blicken.*

Zunächst hatte man abgeholzte Baumstämme für die Imkerei verwendet. An diesen Klotzbeuten wurden die Einfluglöcher der Bienen mit reliefartigen Gesichtern verziert, deren Augen groß und starr-drohend blickten. Dadurch sollten Krankheiten und böse Geister, aber vor allem diebische Tiere und Menschen von den Bienenstöcken ferngehalten werden. Ab dem frühen 18. Jahrhundert entwickelten sich aus den aufrecht stehenden Klotzbeuten die überlebensgroßen Holzfiguren, die oft als Wachen neben weiteren Kastenbeuten standen. Harte Strafen hatten zweibeinige Honigräuber auch vom Gesetz her zu erwarten.

Anfang des 20. Jahrhunderts ging diese Form der Volkskunst unter. Es gibt vier Sammlungen, die die Figurenbeuten bewahren. Sie befinden sich in Breslau/Wrocław, Kreuzburg/Kluczbork, im Bienenmuseum in Weimar und im Agrar- und Freilichtmuseum im sächsischen Blankenhain bei Crimmitschau.

Die Blütezeit der volkstümlich geschnitzten und bemalten Figurenbeuten lag zwischen der Mitte des 18. und dem Ende des 19. Jahrhunderts. Die Dorfschreiner oder die Bauern selbst fertigten die Gestalten. Da die wachhabenden Figurenbeuten besonders furchteinflößend wirken sollten, schnitzte man auf den Hinterbeinen stehende Bären, Löwen oder berüchtigte Krieger wie etwa Kosaken, Husaren, Türken oder finster blickende Zuaven – so nannte man die Nordafrikaner, die als Söldner in den napoleonischen Heeren kämpften. Mit der Zeit wurden die Figurenbeuten mehr zum Schmücken als zum Schrecken geschnitzt, und daher entstanden später auch Apostel und Heilige, Frauen, bärtige Männer und durchaus skurrile Gestalten. Der Phantasie waren keine Grenzen gesetzt, und so mancher Dörfler ergriff die Gelegenheit und verspottete unbeliebte Zeitgenossen. Dabei wurden gerne auch die Einfluglöcher für die Bienen an delikaten Stellen gebohrt.

Den fleißigen Bienen war es gleichgültig, Hauptsache, die Beute – ob figürlich oder nicht – war warm und trocken. Und viele Dorfbewohner gingen weiterhin beim Schutz ihrer Bienen auf Nummer sicher und bauten nicht allein auf ihren christlichen Glauben – daher ist auch der heilige Petrus als waschechter Türke mit Turban, Pluderhose und Säbel geschnitzt.

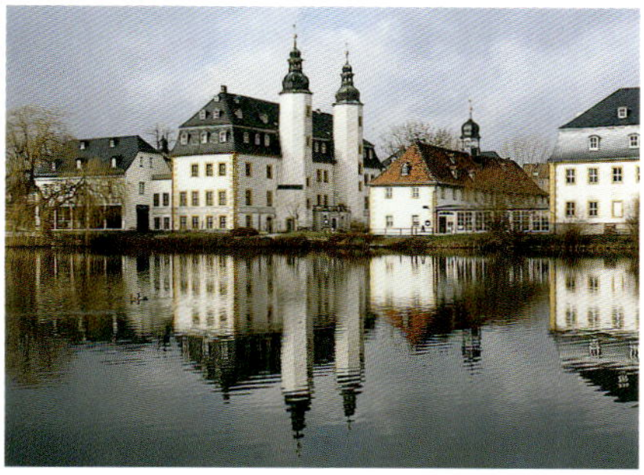

*Agrar- und Freilichtmuseum Schloß Blankenhain bei Crimmitschau*

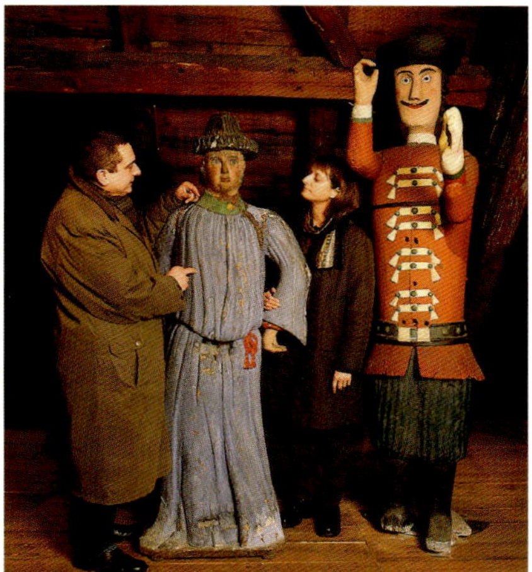

*Museumsdirektor Jürgen Knauss erklärt die Restaurierungstechnik mit Korkleim.*

# Zweifel, Weisheit und feines Porzellan

Stellen Sie sich vor, Sie erhalten eine Einladung zu einem philosophischen Mahl. Was würden Sie erwarten? Vielleicht eine Tafelrunde, bei der Sie mit erlauchten Denkern speisen. Schon die Neugier zöge Sie dorthin, vorausgesetzt, Sie sind selbstbewußt genug zu glauben, die eigenen Philosophiekenntnisse für ein solches Tischgespräch seien ausreichend.

*Nicht mehr ganz vollständig, aber dennoch beeindruckend: das „Philosophische Tafelservice“*

Eine Einladung zu einem philosophischen Mahl ist in der preußischen Geschichte tatsächlich verbrieft: Es ging aber weniger um den Austausch kluger Gedanken, als der skeptizistische Denker Jean Baptiste de Boyer, Marquis d'Argens, seinen Freund König Friedrich II. zu sich nach Potsdam bat, sondern vielmehr um einen Augenschmaus. Die beiden wollten von einem „Philosophischen Service“ speisen. Dessen anspruchsvolles dekoratives Thema war der Skeptizismus. Eine Servierplatte und ein Terrinenknauf tragen das Motto: „Dubium initium sapientia“ – Zweifel ist der Weisheit Anfang.

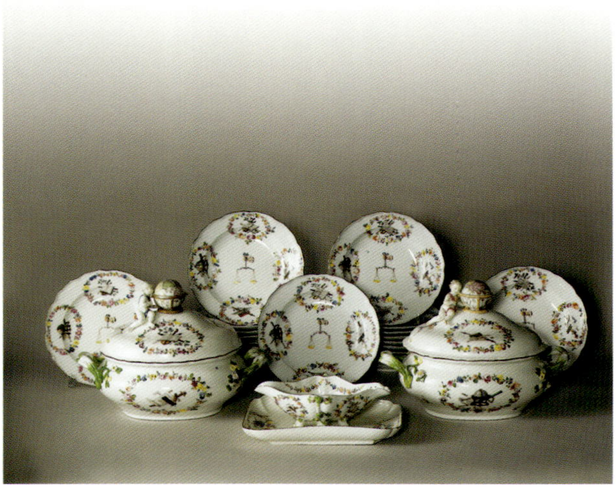

An dieser Stelle zweifelt womöglich auch der Leser am Wahrheitsgehalt der historischen Überlieferung. Doch erzählen wir alles von Beginn an, damit die Geschichte vom Marquis und seinem einmaligen Service glaubwürdiger wird.

Wir schreiben das Frühjahr 1760. Es tobt der Siebenjährige Krieg: Friedrich der Große schlägt sein Quartier im sächsischen Schlettau auf. Von dort schickt er dem daheimgebliebenen Freund seiner legendären Potsdamer Tafelrunde, dem Marquis d'Argens, einen persönlichen Brief: „Wünschen Sie etwas Porzellan? Schreiben Sie es mir. Ich bin Ihnen schon so viele Jahre die Pension schuldig, daß es wenigstens für die Zinsen angerechnet werden könnte.“ Seit 1756 hielt Friedrich II. das Kurfürstentum Sachsen besetzt und somit auch die Meißener Manufaktur. Postwendend antwortet der Marquis: „Wenn es (...) Eurer Majestät beliebte, mir einige Schüsseln und Teller zu schicken; so würde ich sie sorgfältig aufbewahren und dann würde im Frieden meiner Glückseligkeit nichts fehlen, wenn ich mich ihrer bedienen könnte, um Denselben zu Potsdam, in einem Hause, das ich mir recht hübsch ausmöblieren will, ein philosophisches Mahl anzubieten."

In den folgenden Briefen preist der König dem Marquis immer wieder das Geschenk an, macht ihm geradezu den Mund wäßrig. Dem König waren die Pläne für das Service während des zermürbenden Krieges eine willkommene Abwechslung.

Es wird eine intime, auf das persönliche Verhältnis zugeschnittene Freundschaftsgabe, für die Friedrich selbst die Entwürfe liefert. Er läßt sich Muster anfertigen und stellt schließlich sogar die Geschirrteile zusammen. Die Devise „Dubium initium sapientia" nach Aristoteles wählt Friedrich in Anlehnung an eine der zahlreichen philosophischen Schriften seines Freundes mit dem Titel „Die Philosophie der gesunden Vernunft oder: Philosophische Betrachtungen über die Ungewißheit der menschlichen Erkenntnis", ein Werk, das im 18. Jahrhundert mehrfach aufgelegt wurde und in dem der Marquis die Skepsis zum Prinzip erhebt. Darin zweifelt d'Argens unter anderem religiöse Dogmen an, den Aussagewert der Naturwissenschaften sowie die Voraussagen der Astrologie. Friedrich, der sich selbst als Philosoph auf dem Thron verstand und schon als Sechzehnjähriger einen Brief an seine Schwester Wilhelmine mit „Frédéric le philosophe" unterzeichnete, fühlte sich mit dem Marquis seelenverwandt.

Der Marquis mußte lange auf das angekündigte Geschenk warten: Das Schicksal Brandenburg-Preußens konnte mit jeder verlorenen Schlacht end-

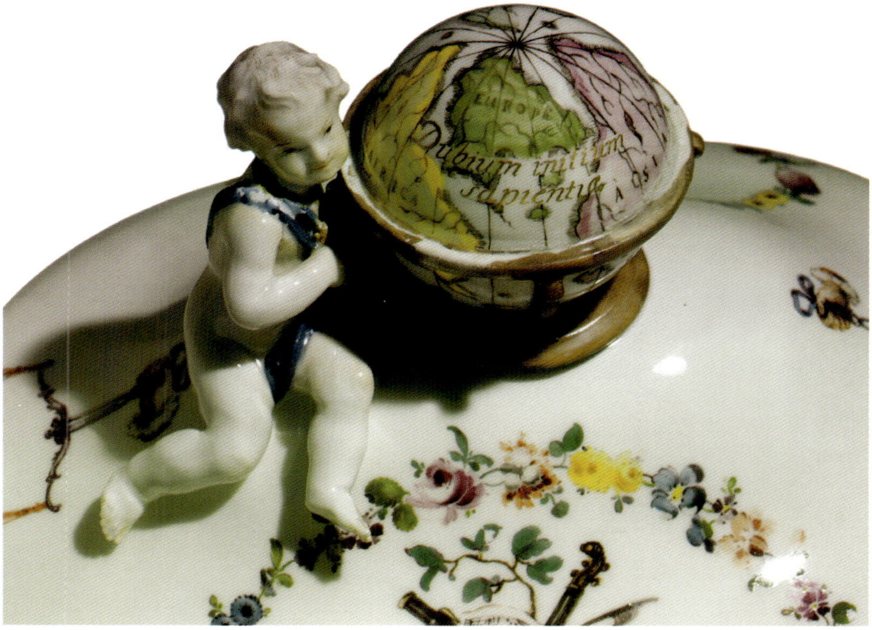


*„Dubium initium sapientia" – Zweifel ist der Weisheit Anfang – steht auf dem Terrinenknauf geschrieben.*

gültig besiegelt sein, und die Rohstoffe in Meißen waren knapp.

Am 7. Juni 1760 kann der Marquis mit seiner Ungeduld schließlich nicht mehr zurückhalten: „Eure Majestät erlauben mir zu sagen: daß eine Kokette, der man Putzwerk nach dem neuesten Geschmack verspricht, den Empfang desselben nicht ungeduldiger erwarten kann als ich das Porzellan." Am 22. Juni ist es dann endlich soweit. Jean Baptiste de Boyer vermeldet: „Sire, soeben habe ich das wunderschöne Porzellanservice erhalten (...) Das Muster ist vortrefflich, die Malerei sehr schön und die Sinnbilder des Zweifels mit Geschmack erfunden."

In der Tat, der Dekor ist ungewöhnlich und verdient nicht nur deshalb Beachtung, weil der König ihn entworfen hat. Die einzelnen Geschirrteile zieren jeweils Blütenkränze. Diese rahmen vier fein gemalte Arrangements, die sich an den Sieben Freien Künsten orientieren und die der König als „Symbole der Philosophie und des Skeptizismus" bezeichnete: die Astronomie (Globus, Planetenkarte, Fernrohr und Winkelmaß), die Geometrie (Lineal, Winkel, Zirkel und Festungsplan) und die Musik (Notenblätter über einer Violine und einer Querflöte). Das vierte Arrangement mit Tintenfaß, Feder und Zepter vor einem Buch stellt wohl die Philosophie dar. Sie war den Sieben Freien Künsten übergeordnet.

Mit Unterstützung der Cornelsen Stiftung ersteigerten die „Freunde der Preußischen Schlösser und Gärten e.V." das verschollene Service im Frühjahr 2000.

Im Neuen Palais von Potsdam, wo der König dem Marquis d'Argens private Räume einrichtete, kann sich der Besucher bei einer Führung durch die Friedrichwohnung vor Augen führen lassen, wie stilvoll ein philosophisches Mahl aussehen sollte.

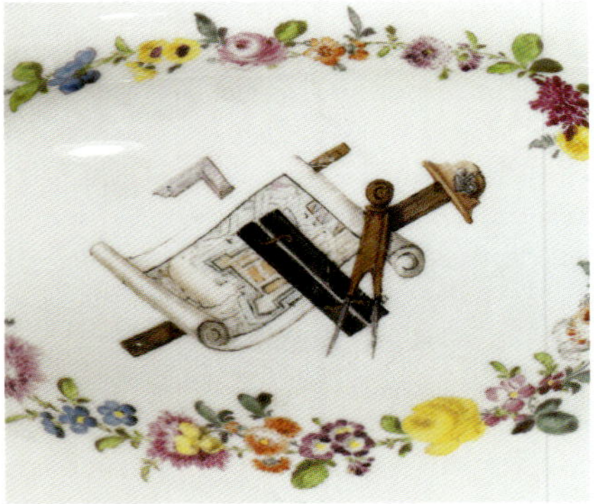

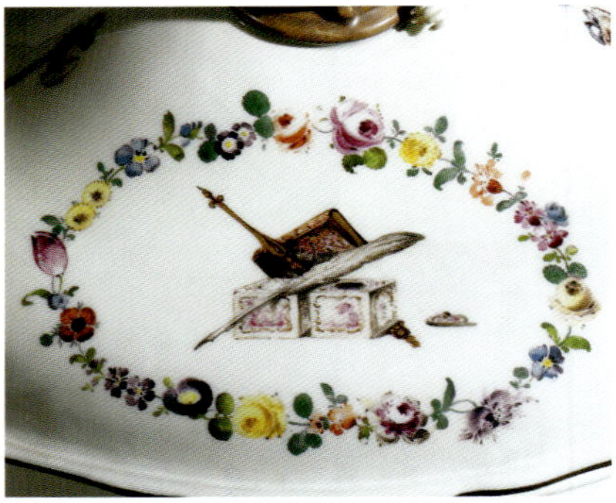

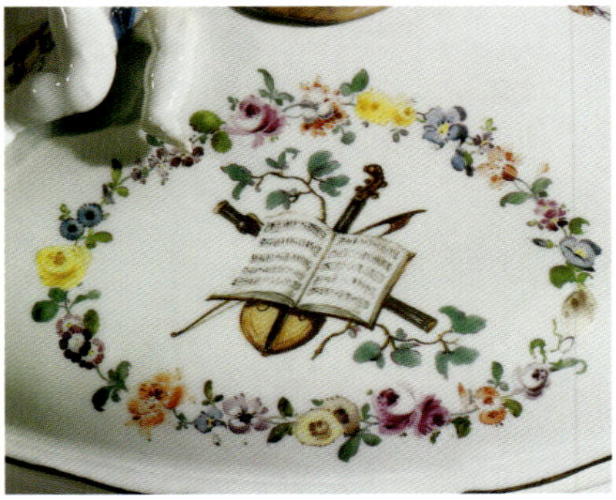

*Nach dem Entwurf Friedrichs des Großen: Darstellung der Attribute der Geometrie (oben), der Philosophie und der Musik.*

# Gründlers Kuriositätenschau

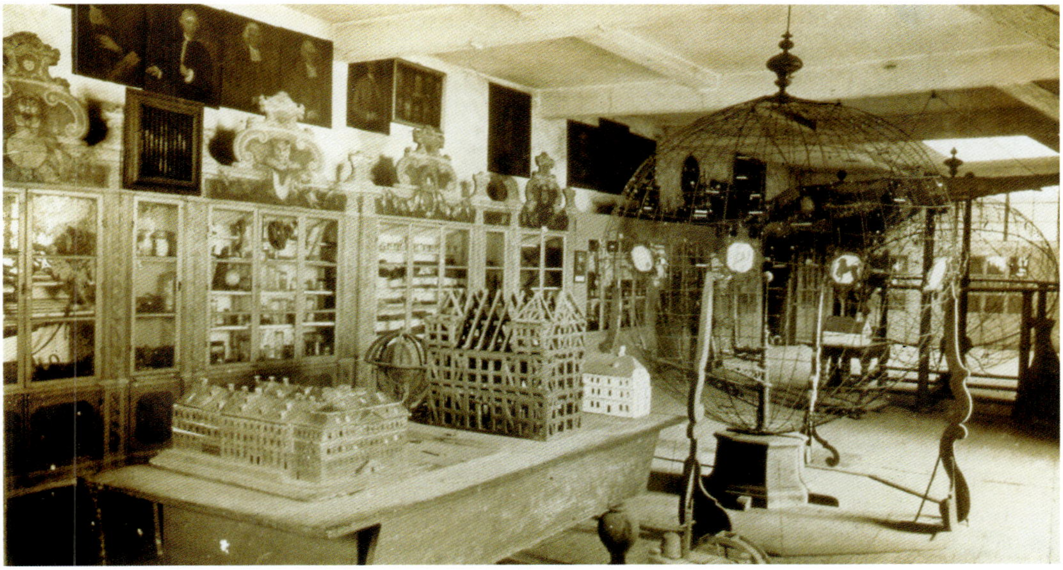

*Von unschätzbarem Wert für die Restaurierung der Naturalienkammer: Die historische Aufnahme des Saals um 1910*

Nichts ist wohl spannender für Kinder, als in der Spielkiste der Freunde zu stöbern. Was es dort alles zu entdecken gibt: eine Holzente mit Lederfüßen, einen getrockneten Ast, ein Smarties-Fernrohr, weiter unten Wäscheklammern, Kastanien vom vergangenen Herbst und auf dem Boden ein Katzenkalender aus der Apotheke.

Ähnlichen Schatzkisten standen Wissenschaftler gegenüber, als sie 1992 die 250 Jahre alte Naturalienkammer in den vermoderten Räumen der Franckeschen Stiftungen in Halle sichteten. Eigentlich galten die Objekte der einst berühmten Sammlung bis auf wenige ethnographische Stücke als verloren. Nun fanden sich zur großen Überraschung in den von Taubendreck verschmutzten Schränken Kostbarkeiten: Waschgold aus der Donau, Silbererze aus Indien und Sachsen, Muscheln, Taranteln, ein russisches Panzerhemd, Kleider aus der Türkei, griechische und ägyptische Münzen, Kupferstiche, Flüssigpräparate, das Modell einer Pulvermühle, nagelbesetzte Büßerpantoffeln und ein drahtgeflochtenes Weltensystem.

Die Wissenschaftler hatten einen Schatz entdeckt, dessen Bergung sich allerdings als äußerst schwierig herausstellen sollte, denn erst einmal konnten nur wenige Objekte zweifelsfrei bestimmt werden. Der damalige Archivar und jetzige Direktor der

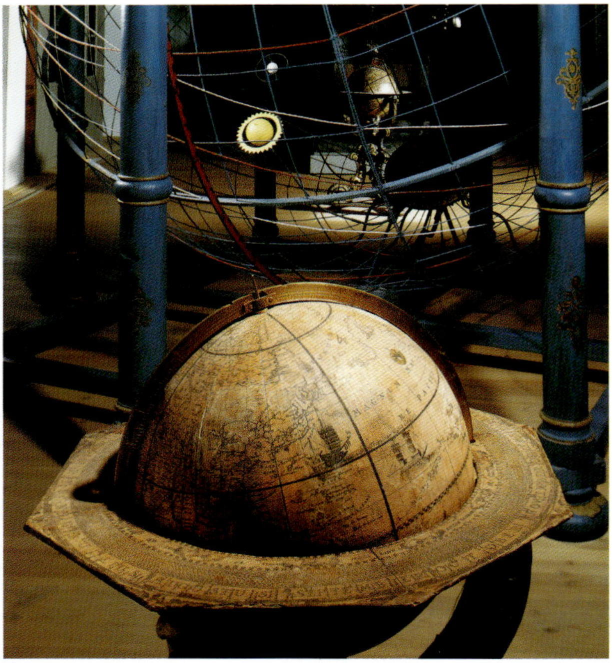

*Die Naturalienkammer mit dem drahtgeflochtenen Weltensystem ist heute wieder so, wie sie der Gründer 1741 konzipierte.*

Franckeschen Stiftungen Dr. Thomas Müller-Bahlke war sich oft nicht einmal sicher, ob es sich um Gegenstände aus der Natur oder um Kunstprodukte handelte. Also wurden die Funde in den kommenden Monaten fotografiert und dokumentiert. Man lud Textil-, Stein- und Papierrestauratoren ein, die die verklebten, wurmstichigen oder verstaubten Objekte begutachteten. Die Mühe lohnte. Denn am Ende des langwierigen Zählens und Ordnens stand die Ausstellung einer einmaligen barocken Wunderkammer.

Dabei hatten die Wissenschaftler Glück: Die meisten der 4 696 Stücke, die Gottfried August Gründler 1741 in einem Gesamtkatalog erfaßt hatte, waren noch vorhanden. Die 16 Schränke, die der Kupferstecher und Kunstmaler Gründler eigens für die Sammlung geschreinert und bemalt hatte, zeigten sich aber leider in einem traurigen Zustand. Genauso der ehemalige Schlafsaal des Waisenhauses auf dem Dachboden, der als Ausstellungsraum diente. Weil aber die seltene Chance bestand, Sammlung, Mobiliar, Schauraum und sogar das museumstheoretische Konzept des 18. Jahrhunderts zu rekonstruieren, zögerten Müller-Bahlke und seine Mitarbeiter nicht, die Restaurierung in Angriff zu nehmen.

Es sollte eine Entdeckungsreise zurück in die Zeit des Gründers August Hermann Francke (1663–1727) werden. Die Stiftungen unterhielten damals ein Waisenhaus, eine Armenschule sowie eine Missions- und Bibelanstalt. Der Pietist Francke und später sein Sohn, der stärker als der Vater der Kunst zugeneigt war, bemühten sich, eine Naturalienkammer aufzubauen. Solche privaten Kabinette waren seit der Renaissance in Mode. Gesammelt wurde, was wertvoll war, merkwürdig erschien oder Seltenheitswert besaß – aber keineswegs wahllos. Neu bei Francke war, daß die Modelle, Tierkörper und Muscheln den Schülern als Schaustücke im Unterricht vorgeführt wurden. Anhand dieser Realien sollten sie die Schöpfung hautnah kennen- und verstehen lernen.

Den Grundstein für das Naturalienkabinett legte Francke im 17. Jahrhundert mit einem Brief an seinen Landesherrn, den Kurfürsten Friedrich III. von Brandenburg: „Wann nun in Ewr. Churfl. Durchl. naturalien- und raritaeten-Kammer ohne Zweiffel viele naturalia und rariora in duplo und überflüßig zu finden sind, die etwa ohne Schaden und merckl. Abgang von dero raritaeten- Kammer gemisset werden könten, [...] Ew. Churfl. Durchl. möchten gnädigst geruhen mit solchem

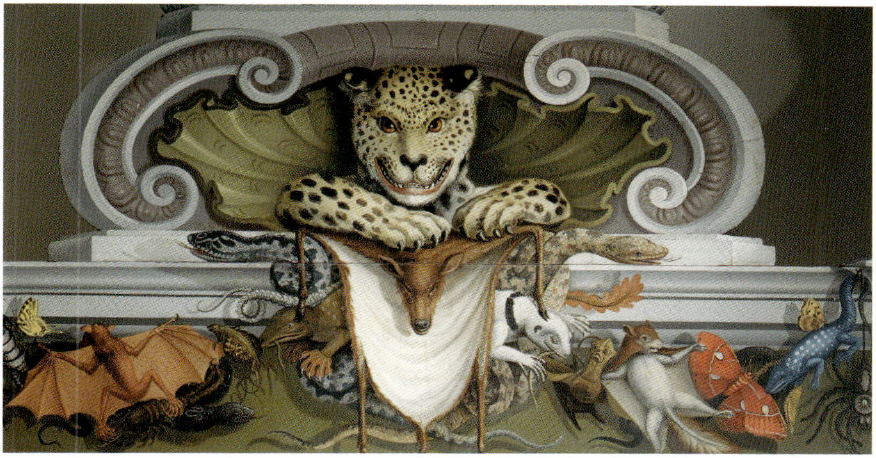

*Mit Hingabe bemalte Gründler den dreiflügeligen Schrank.*

Überfluß hiesige zur Erziehung der Jugend gemachte Anstalten gnädigst zu beehren."

Das Schreiben des Theologen hatte wie das meiste in seinem Leben einschlagenden Erfolg. Schon bald konnte Francke den Besuchern des Waisenhauses eine kleine Kollektion zeigen und viele ermuntern, weitere Objekte zu stiften. Schließlich waren zahlreiche Pietisten für ihn tätig, und die Naturalienkammer platzte fast aus allen Nähten. Die Gaben kamen nicht mehr nur aus Deutschland, sondern von Absolventen und Missionaren aus aller Welt. Als besonders eifrige Sammler seltener Tiere und menschlicher Embryonen erwiesen sich die Indienmissionare und solche im 19. Jahrhundert auf Borneo, die Flechtarbeiten und Produkte aus China schickten.

1713 äußerte Francke beim Besuch des preußischen Königs Friedrich Wilhelm I. triumphierend: „Diese Kammer bringt mir mehr ein, wie alles andere; denn da kommen manche Leute umb d. Naturalien-Cammer, u. besehen denn das gantze Werck, u. laßen denn was fürs Hauß zurück." Was bei vielen Bürgern und Klerikern reine Sammel-

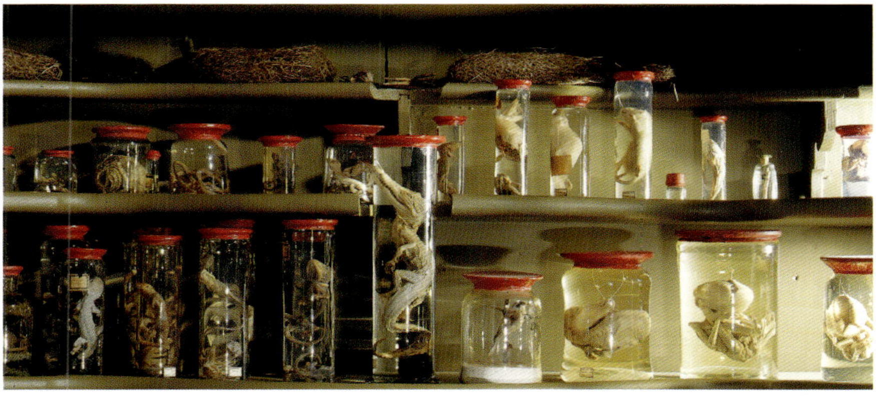

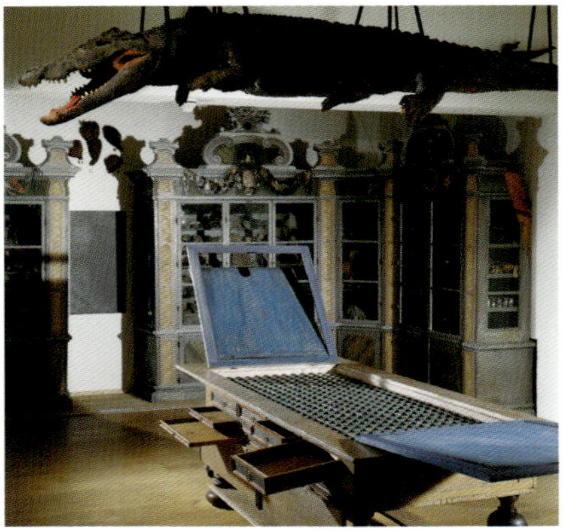

*Blick in die Naturalienkammer*

leidenschaft war, diente dem nüchtern denkenden Protestanten als Werbeinstrument für seine wohltätigen Einrichtungen.

Vor der Jahrtausendwende war die Restaurierung der 16 eigens auf die Sammlung abgestimmten Schränke mit ihren malereiverzierten Giebelbekrönungen gelungen. Weil Gründler ungewöhnlich qualitätvolle Farbe aus der hauseigenen Stiftungs-Apotheke verwendet hatte, mußte man nur die Firnisschichten entfernen, damit die exotischen Motive und Tiere wieder kräftig leuchteten. Im renovierten Dachgeschoß des Waisenhauses kann der Besucher jenen Mikrokosmos bestaunen, den Gründler 1741 aus der zuvor ungeordneten Sammlung von Naturalien und Artefakten schuf.

*Das Waisenhaus der Franckeschen Stiftungen, das 1995 nach der Restaurierung wieder eingeweiht wurde.*

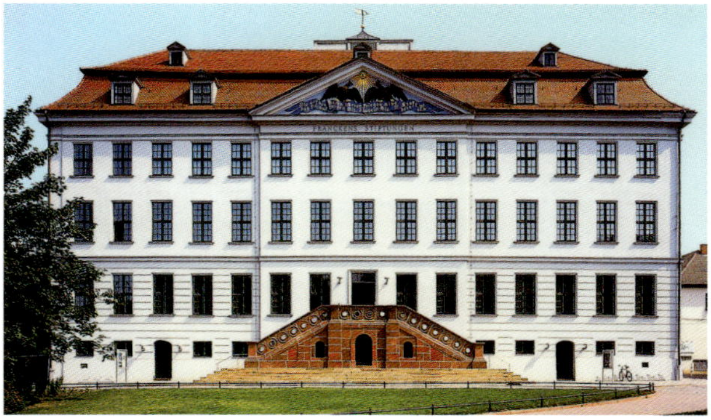

Längst nicht abgeschlossen ist jedoch die Erforschung der einzelnen Objekte. Wissenschaftler und Fachkundige aller Richtungen werden in den kommenden Jahren gedanklich auf Weltreise gehen, um in die entfernten Winkel der Erde vorzudringen, in denen Hallenser Pietisten missioniert, gelehrt und Aufsehenerregendes zusammengetragen haben. Sie alle wollen einer enzyklopädischen Sammlung auf die Spur kommen, einem Sammelsurium im positiven Sinne, das die Phantasie beflügelt und dem Geist Raum gibt.

Der Besuch einer barocken Wunderkammer verlangt vom heutigen Betrachter allerdings ein Umdenken. Denn es geht hier nicht um Einzelstücke, sondern um das Beziehungsgeflecht zwischen Tieren und Pflanzen, Mensch und Kunst. Lassen wir uns also auf die Sichtweise der Sammler ein, die vor 200 Jahren feuerfeste Perücken, Ölgemälde, seltene Steine und doppelte Kokosnüsse zu einer Einheit verschmolzen – alles im Glauben an eine universale Bildung. Vielleicht sehen wir dann in einer solchen Gesamtschau – wie in den bunt gemischten Alltagsfunden unserer Kinder – noch viel eher den Spiegel der Welt als in den häufig so sorgsam sortierten Spezialausstellungen der heutigen Zeit. Inzwischen hat man sich der Wunderkammer des 18. Jahrhunderts noch mehr genähert: Neue Beleuchtung simuliert das Tageslicht, in dem die Objekte einst ganz deutlich zu erkennen waren. Neben den Wissenschaftlern ist auch die Museumspädagogik ans Werk gegangen und hat den Realien-Unterricht jener Tage für heutige Besucher nachvollziehbar gemacht.

# Ein Wüterich im Schloß

Klein und dick ist er, und er scheint sich schier die Seele aus dem Leib zu blasen. Was es mit dem Kerlchen auf sich hat, weiß niemand so ganz genau. Der „Püstrich“ ist eine Kuriosität, die heute zu den Exponaten des Sondershäuser Schloßmuseums zählt.

Die dünnen Ärmchen wollen nicht so recht zum dicken Bauch der knieenden Figur passen, die bis auf einen angedeuteten Lendenschurz nackt ist. Die spärlichen Quellen verzeichnen ihren Fund in den 1540er Jahren auf der Burgruine Rothenburg im Kyffhäusergebirge – über Funktion und Herkunft schweigen sie sich jedoch aus. Das mittelalterliche „Findelkind“ aus Bronze mißt 57 Zentimeter und gelangte 1576 mit der Burg in den Besitz Johann Günthers I. von Schwarzburg, den Begründer des Hauses Schwarzburg-Sondershausen.

Vom Unerklärlichen ging schon immer ein großer Reiz aus, und so dauerte es nicht lange, bis die Kunde von dem seltsamen Püstrich in die benachbarten Länder gedrungen war. Andere Regenten wollten ihn für ihre Kuriositätenkabinette gewinnen, Wissenschaftler bemühten sich um seine Deutung, Kopisten machten sich ans Werk. Doch das Geheimnis, warum er gar so kräftig die Backen aufbläst, war ihm nicht leicht abzutrotzen.

Im ausgehenden 16. Jahrhundert gelang es Moritz von Hessen (1572 bis 1632), die Bronze für einige Zeit an seinen Hof in Kassel auszuleihen. Der Neugierde des gelehrten Landgrafen fiel prompt der linke Arm des Püstrichs zum Opfer: Er hatte ihn zwecks Materialuntersuchung durchsägen lassen.

Das Innenleben der Figur ist in der Tat aufschlußreich – besteht es doch aus einem acht Liter fassenden

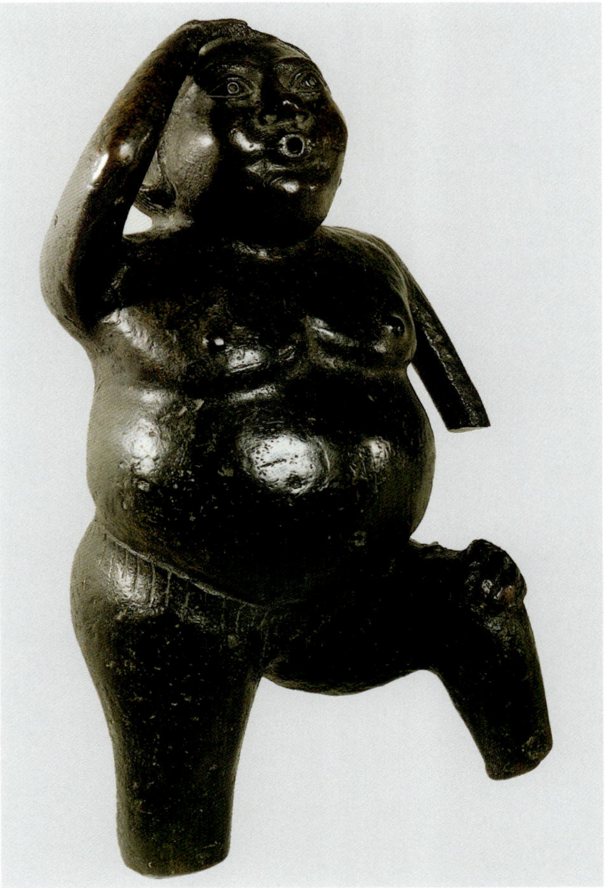

*Mit Wasser gefüllt und erhitzt stieß er durch das Mundloch Wasserdampf aus.*

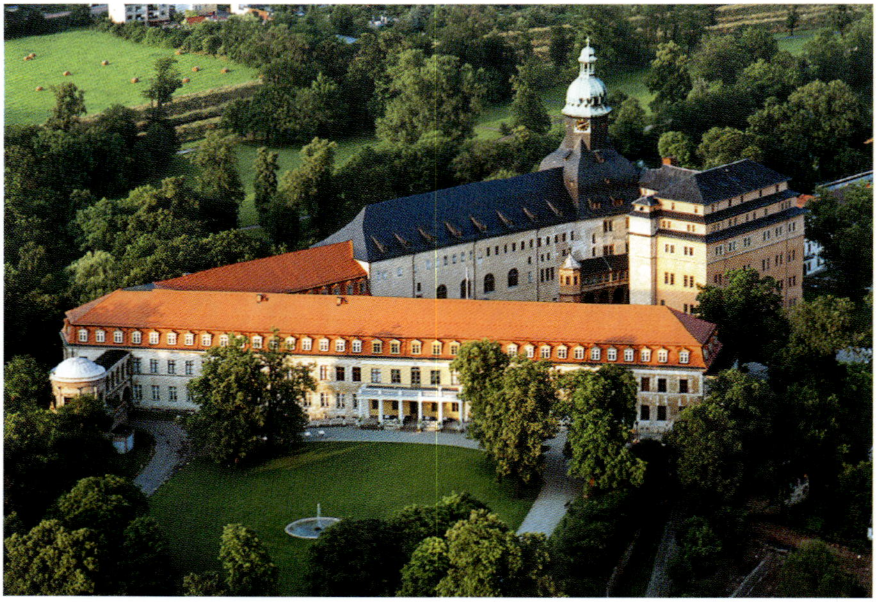

*Mächtig thront das Fürstenschloß über der thüringischen Stadt Sondershausen.*

Hohlraum. Seit ihrer Entdeckung hat sie die Phantasie beflügelt und zu den abwegigsten Deutungen angeregt. Die einen wollten einen heidnischen Götzen erkennen, andere vermuteten, der Püstrich sei zum Brandweinbrennen eingesetzt worden. Am längsten hielt sich die Auffassung, er habe mit weiteren Figuren ein Taufbecken getragen.

Doch auf die richtige Fährte scheinen zwei kleine Öffnungen zu führen – eine am Mund und eine weitere oben auf dem Kopf. Wo Luft und Löcher sind, da kann man mit Feuer und Wasser Dampf erzeugen.

Dergleichen kannte schon Albertus Magnus, der große Naturforscher des 13. Jahrhunderts. Als „Sufflator“ beschrieb er ein hohles Gefäß aus Erz, das oben und im Bauch jeweils eine kleine Öffnung hat. Nachdem man es mit Wasser gefüllt und die Öffnungen durch Holz verschlossen habe, solle man den „Bläser“ auf ein starkes Feuer setzen. Daraufhin schleudert die Kraft des Dampfes die Holzpfropfen heraus, und das so austretende Wasser verteilt Kohlen und heiße Asche in der Umgebung. Ähnliche Apparaturen – primitive Vorläufer der Dampfmaschine – sind seit der Antike überliefert.

Hier könnte des Rätsels Lösung liegen: ein technisches Spielzeug für Liebhaber besonderer Effekte. Aber manches Rätsel mag vielleicht auch besser ungelüftet bleiben. Zumindest konnte der Püstrich auch schnell zum Wüterich werden. Anstatt den Sondershäuser Hof mit einem Feuerspektakel zu belustigen, soll er zu Beginn des 18. Jahrhunderts die Schloßküche in Brand gesteckt und die edle Gesellschaft in Angst und Schrecken versetzt haben. Von den diversen Experimenten, die er im Laufe der Zeit über sich ergehen lassen mußte, zeugt noch immer die schwarze Farbe.

# Jedes Blümchen ein Juwel

Was für eine Blütenpracht! In den herrlichsten Farben leuchten die Blumen – strahlendes Blau, zartes Weißrosa und kräftiges Rot, dazwischen saftige grüne Blätter, auf denen emsig Insekten krabbeln. Eine Libelle schwirrt umher, während ein Schmetterling von Kornblume zu Maiglöckchen und Tulpe taumelt, auf der Suche nach dem köstlichen Nektar. In diesem Blütenmeer aber hockt ein kleiner Drache. Wütend faucht der Winzling, spreizt seine Flügel und peitscht mit seinem Schwanz. Eigentlich wirkt er eher ängstlich denn zornig, wie ein verlassenes Junges, dessen Nest man aufgespürt hat. Doch er meistert tapfer seine Aufgabe – er soll den Inhalt des Blumenkörbchens, auf dem er sitzt, beschützen.

Dieses höchst filigrane und kunstvolle Blumenkörbchen kann man im Braith-Mali-Museum im oberschwä-

*Das restaurierte Juwelenkörbchen von Johann Melchior Dinglinger von 1701*

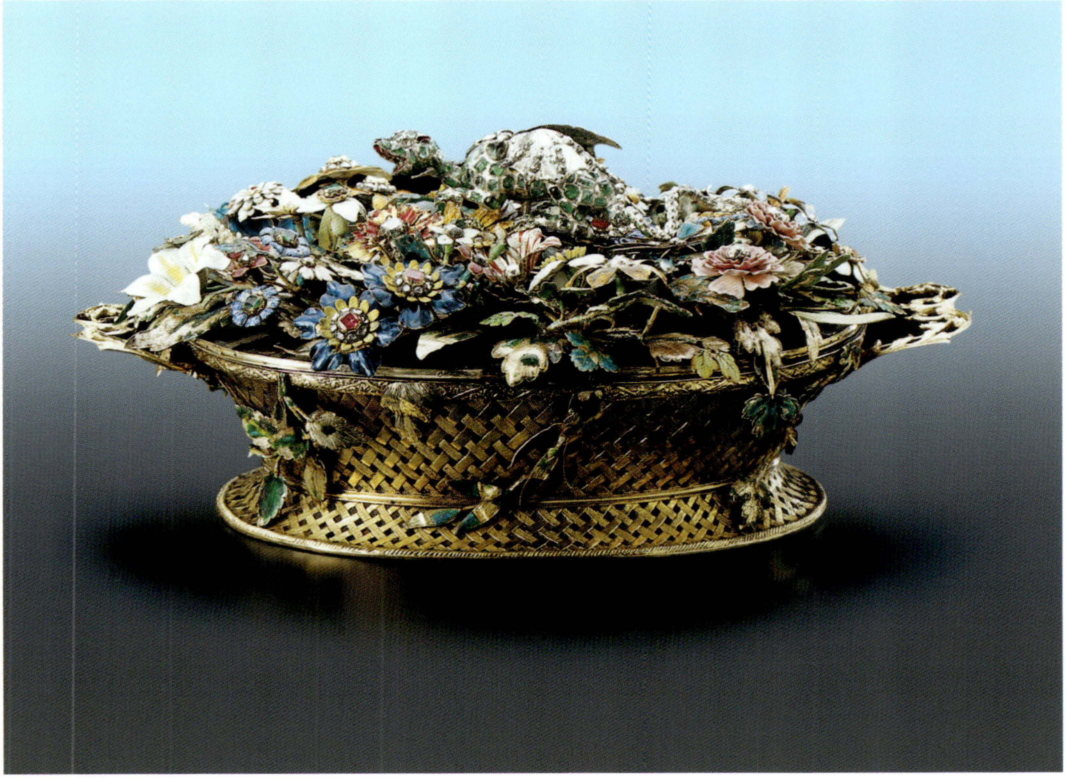

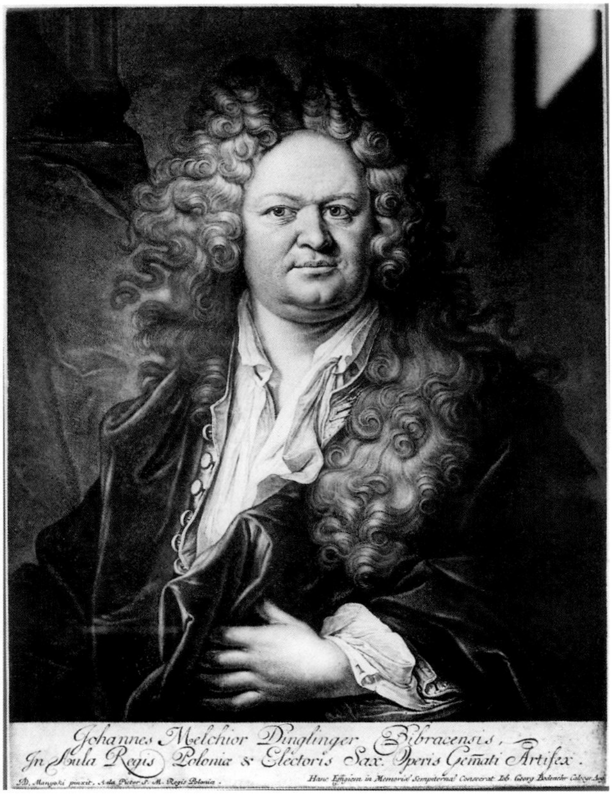


*Johann Melchior Dinglinger (1664–1731), der Goldschmied Augusts des Starken*

bischen Biberach bewundern. Die Geschichte, wie es dorthin gelangte, liest sich wie ein Krimi.

Geschaffen hat das Juwelenblumenkörbchen einst Johann Melchior Dinglinger, seines Zeichens Hofjuwelier von König August dem Starken und der „Goldschmied des deutschen Barock". Sein Sinn für Formen und überschwenglichen Reichtum bis ins Detail haben dem „Grünen Gewölbe", Dresdens bedeutendem Schatzkammermuseum, die herrlichsten Pretiosen von seiner Hand beschert. Über dreißig Jahre, bis zu seinem Tod 1731, war Johann Melchior Dinglinger gemeinsam mit seinen beiden Brüdern Georg Friedrich und Georg Christoph ausschließlich für den Sachsenkönig tätig.

Geboren wurde Dinglinger am 26. Dezember 1664 in Biberach. Sein Vater war Messerschmied und angesehener Handwerksmeister. In der Werkstatt brachte er dem Sohn das Verständnis für Metalle bei und förderte seinen geschickten Umgang mit den verschiedensten Materialien. Nach Dinglingers Ausbildung zum Goldschmied kam er 1692 als Geselle nach Dresden, wo er sich schnell einen Namen machte. 1698 ernannte ihn August der Starke zum Hofgoldschmied.

Den Juwelenblumenkorb überreichte der Künstler dem König, als er ihm Weihnachten 1701 am Hof in Warschau das „Goldene Kaffeezeug" präsentierte. Da dieses immens teuer geworden war, suchte er ihn womöglich mit dieser wertvollen „Dreingabe", in der sich zudem ein von ihm gefertigtes Diamantarmband befand, milde zu stimmen.

Dinglingers Kabinettstück besteht aus einem etwa 27 Zentimeter langen, ovalen Korb aus silbervergoldeten Weidenbändern. Allein 390 Edelsteine, darunter Smaragde, Rubine und Diamanten, formen 57 funkelnde Blüten. Mit Silberdrähten ist das Blütenarrangement an dem Deckel befestigt. Die zum Teil emaillierten Blumenblüten sind botanisch detailgetreu nachgebildet bis hin zu den Staubgefäßen, die aus feinen Metalldrähten mit weißen, gelben und grünen Emailtröpfchen an der Spitze gefertigt sind. Der Drache ist aus massivem Silber geformt, sein Rücken mit Smaragden überzogen, sein Rückgrat bilden blitzende Diamanten.

Nicht nur August der Starke liebte seine Kunstsammlung. Auch die nachfolgenden Generationen des Hauses

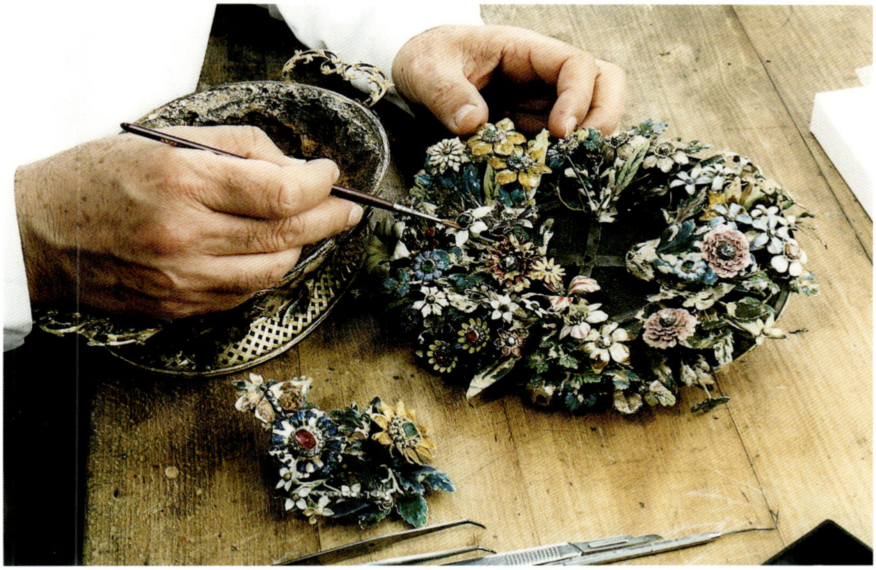

*Die Jahrzehnte im feuchten Waldboden hatten dem Körbchen zugesetzt – doch fast nichts ist verloren.*

Wettin schätzten sie sehr. Sorgsam hielten sie die Kunstwerke verwahrt. Obwohl streng überwacht von den Nationalsozialisten, gelang es im Januar 1945 Prinz Ernst Heinrich, Herzog von Sachsen, mit seinen Söhnen in einer Nacht-und-Nebel-Aktion, 40 Kisten mit edlen Pretiosen im Park von Schloß Moritzburg zu vergraben. Dieses Kunstgut wurde aber von den Russen 1947 in Erfahrung gebracht und wird heute in der Eremitage in St. Petersburg aufbewahrt. Die Prinzen Dedo und Gero jedoch hatten auch noch drei Kisten mit wertvollen Familienerbstücken im Moritzburger Tiergarten unter der Erde versteckt, von denen niemand etwas wußte. Erst 1996 spürte einer der gefürchteten „Amateurarchäologen" mit seinem Metallsuchgerät die Kisten auf. Zum Glück wandte er sich an den Leiter des Grünen Gewölbes, Dr. Dirk Syndram.

Die Aufregung um den legendären Schatz war groß, und 1997 wurden die Fundstücke ausgestellt. Da die Kunstwerke von Rechts wegen dem Haus Wettin gehören, mußten sie zurückgegeben werden. Später gelangten 143 Stücke in den Auktionshandel. Darunter auch das Juwelenkörbchen, das ein kunstsinniger Mäzen für die Stadt Biberach ersteigern konnte.

Nach vierzig Jahren im feuchten Waldboden war das Juwelenkörbchen ziemlich ramponiert, aber nur wenig ist verloren. Die Blütenstengel waren äußerst brüchig, die Blüten lagen teilweise locker oben auf. Emaillierungen drohten abzuplatzen, und vor allem war das Innere stark verrostet. Behutsam wurde das kostbare Körbchen von den Restauratoren des Württembergischen Landesmuseums in Stuttgart restauriert und ist nun eine Zierde des Braith-Mali-Museums in Biberach. Trotz eigener, sicherer Vitrine bewacht der kleine Drache aber weiterhin tapfer sein wertvolles Blütennest.

# Impressum:

Verlagsleitung: Gerlinde Thalheim
Redaktion: Heike Kühn
Mitarbeit: Irene Vollmer

Satz/Gestaltung: Rüdiger Hof, Wachtberg/Bonn
Schrift: Goudy Oldstyle
Papier: BVS plus matt, 135 g/m²
Lithographie: Mohn Media, Gütersloh
Gesamtherstellung: Konkordia GmbH, Bühl

Bildnachweis: Alle Fotos, die nicht nachgewiesen werden, stammen von Marie-Luise Preiss, Bad Honnef. Weitere Fotografen: Bayerische Verwaltung der staatlichen Schlösser, Gärten und Seen (S. 12 - Archiv Wolf-Christian von der Mülbe -, S. 13-15); Büro Müller/Reimann, Berlin, S. 16; Roland Rossner, Bonn, S. 6 o., 11, 17-19, 40, 41, 42 o., 43, 63, 64, 71, 74-80; Brandenburgisches Landesamt für Denkmalpflege und Archäologisches Landesmuseum/Dieter Möller, S. 20, 21, 22 u.l.; Nationalarchiv der Richard-Wagner-Stiftung, Bayreuth, S. 24-26; Stiftung Stift Neuzelle, S. 23; Museum Hanau, Schloß Philippsruhe, S. 27-29, 30 u.; Bildarchiv Landesamt für Denkmalpflege Sachsen, Dresden, S. 34, 35; Landesamt für Denkmalpflege Schleswig-Holstein/Friedhelm Schneider, S. 37, 39; Kunststätte Bossard, S. 42 u.; Klaus Both, Schwerin, S. 44, 45; Städtisches Museum Lemgo, S. 47 o. und r.; Hannes Oefele Verlag, Ehingen, S. 50 o.; Klaus Lipa/Knaur Kreativ, München, S. 50 u.; akg-images/ Rabatti - Domingie, S. 51 o.; Anton Brandl, München, S. 51 u.; Museum für Musikinstrumente Universität Leipzig/ Volker Friedemann Seumel, S. 60-62 u.; Manfred Lohse, Chemnitz, S. 61, 62 o.; Rüdiger Glahs u. Diethelm Wulfert, Dortmund, S. 66, 67; SPSG/Handrik, Eigentum der Freunde der Preußischen Schlösser und Gärten e.V., S. 84-86; Archiv der Franckeschen Stiftungen, S. 7 u., 81, 87, 89, 90; Klaus E. Göltz, S. 88; Schloßmuseum Sondershausen, S. 91; Fotoarchiv Röttig, S. 92; Württembergisches Landesmuseum Stuttgart/Hendrik Zwietasch, S. 93; Deutsche Fotothek Dresden, S. 94; Württembergisches Landesmuseum Stuttgart, S. 95.

Verlag: Deutsche Stiftung Denkmalschutz, MONUMENTE Publikationen
Dürenstraße 8, 53173 Bonn, Fax: 02 28-9 57 35-28

1. Auflage 2006





Die Deutsche Bibliothek – CIP-Einheitsaufnahme

Friedrich Ludwig Müller (Hrsg.): Kurioses aus der Denkmallandschaft. Von Flügelwesen und Theaterdonner. – Bonn: Dt. Stiftung Denkmalschutz, Monumente Publ. Bd. 2 – (2006)

ISBN: 3-936942-70-6 / ISBN 13: 978-3-936942-70-5